守望者的凝思：

读懂学校　读懂校长

刘玲芳　主编

中国出版集团　现代出版社

图书在版编目（CIP）数据

守望者的凝思：读懂学校 读懂校长 / 刘玲芳主编
. — 北京：现代出版社，2023.10
ISBN 978-7-5231-0515-3

Ⅰ.①守… Ⅱ.①刘… Ⅲ.①高等学校—教育管理—
研究 Ⅳ.①G640

中国国家版本馆CIP数据核字（2023）第165565号

守望者的凝思：读懂学校 读懂校长

作　　者　刘玲芳
责任编辑　姜　军
出版发行　现代出版社
地　　址　北京市安定门外安华里504号
邮政编码　100011
电　　话　010-64267325　64245264
网　　址　www.1980xd.com
印　　制　北京政采印刷服务有限公司
开　　本　710mm×1000mm　1/16
印　　张　11.75
字　　数　194千字
版　　次　2023年10月第1版　　2023年10月第1次印刷
书　　号　ISBN 978-7-5231-0515-3
定　　价　58.00元

刘玲芳

小学正高级教师，龙城三小党支部书记、校长，广东省特级教师，省名校长工作室主持人，省"百千万人才培养工程"名校长培养对象。先后被评为全国三八红旗手、南粤优秀教师、省书香校园阅读推广人、市拔尖人才、市十佳校长、惠州教育领军人物等。被聘为广东省中小学培训中心兼职教授等。曾当选市第九、第十、第十一、第十二届人大代表。主持的6个课题，1个获省二等奖，4个获市一、二等奖。出版专著两部，发表论文20多篇。

工作室成员

尹叶锋

惠州市光正实验学校义务教育部校长，数学教师，中小学一级教师。

曾荣获县区优秀教师、优秀班主任和优秀校长的荣誉称号，广东光正教育集团优秀管理工作者，惠州学院外聘指导教师。

主张"发光教育"，提出"让每个人都发光"。主持市级课题《基于核心素养的小学阶段"向阳花"校本课程体系建设与实践的研究》，论文《让每个人都闪闪发"光"——一个校长的教育随想》在《当代教育实践与教学研究》发表，《品味翰墨书香 弘扬传统文化——创建中华优秀传统文化传承学校书法特色课程介绍》在《教育与社科辑》发表，《让每个人都发光——浅谈惠州光正小学的治校方略》在《南粤名师》发表。

教育格言：教育不是灌输，而是点燃火焰。

卢建林

博罗县横河中心小学副校长，语文教师，小学一级教师。

广东省优秀少先队辅导员、惠州市立德树人先进个人、惠州市优秀辅导员、惠州市乡村学校少年宫优秀辅导员"旭日奖"获得者、博罗县优秀教师、博罗县教育系统优秀党务工作者。

课例"落花生"获广东省远程教育教学资源征集与应用评比优秀奖，论文《浅析学校德育工作与优秀传统文化的有机融合》获得惠州市优秀论文一等奖，课例"落花生"获得博罗县优质课调教展评一等奖，指导博罗县现代文阅读优质录像课一等奖。

教育格言：坚持立德树人，用心去倾听每一朵花开的声音。

惠州市惠东县平山蕉田小学副校长、党组织委员兼语文教师，小学语文高级教师。曾获惠州市"教学工作先进个人"，连续多年荣获惠东县"优秀教师""优秀教育教学先进个人""优秀班主任""学科带头人""教育教学先进工作者""优秀党务工作者"等荣誉称号。曾获"广东省优秀论文评比"二等奖，课题荣获二等奖，惠州市优质课比赛一等奖，获得"惠州市中小学教师资格考试面试考官证"，广东省中小学学生汉字书写大赛"最佳组织者奖"，广东省"三区"中小学骨干教师专项培训"优秀学员"，惠东县六年级同质竞赛"优秀指导员"。惠东县语文科教研员，教育教学教研业绩显著，课题研究成果丰硕，多篇教学论文在省级刊物《新课程》《西部素质教育》《课外语文》录用并发表。

教育格言：纳百川！容学问！立德行！善人品！

陈小燕

惠州市惠阳区三和象岭小学校长，小学数学高级教师。

广东省特级教师、惠州市优秀思想政治工作者、惠州市优秀教育科研工作者、惠州市道德与法治十佳教师、惠州市第二届乡村明星教师、惠州市优秀教师、惠阳区优秀班主任、广东省"小学数学骨干教师"、惠州市"教育拔尖人才十百千工程"名教师培养对象、惠州市基础教育头阵计划"1+N"卓越教师团队领头人。参与编著《基于云网人人通的微课在小学数学教学中的应用研究》，教育教学论文8篇先后在《小学教学参考》《天津教育》《广东教育》《吉林教育》《教育与探索》《启迪》《新疆教育》《中国教师》上发表。

教育格言：教育者，非为已往，非为现在，而专为将来。

曾爱辉

龙门县龙田第二小学党支部书记、校长，小学语文高级教师。

曾被广东省小语会表彰评选为先进工作者，惠州市优秀教师，龙门县优秀教研工作者。曾参加省级十三五课题"基于核心素养的小学语文传统文化教育研究"，教学研究成果获惠州市教学教研成果二等奖，主持惠州市立项课题"小学语文经典吟诵校本课程资源开发与研究"，主持县级立项课题"小学语文中高段读写结合教学策略与研究"，多篇论文获省、市、县奖项，在核心刊物上发表文章3篇。

教育格言：教育不是注满一桶水，而是点燃一把火。

李晓嫦

前　言

　　校长应是一群有着无尽追求的人。校园之美，管理完善，课堂优质，学生全面发展……都是校长的追求。虽然校长每天都要面对各种琐事，但是他们始终坚持拼搏，从未间断过对教育的探索和追求，虽然他们的工作是平凡的，但他们的人格是伟大的。

　　2018年，本人被选为广东省名校长工作室主持人，至今本人已连续两届担任工作室主持人。本届工作室共有入室学员七人，他们分别是惠州市光正实验学校尹叶锋校长、惠阳区三和象岭小学曾爱辉校长、大亚湾西区第一小学科创园分校张仕武校长、博罗县横河中心小学卢建林副校长、龙门县龙田第二小学李晓嫦校长、惠东县平山蕉田小学陈小燕副校长、龙门县天堂山学校黄健勇副校长。三年来，工作室秉承"和合共生，守正出新"的理念，在专家指导下，围绕校长的办学理念，以师带徒为主要培养模式，组建学习共同体，采用线上和线下相结合的方式，开展基于学生全面发展、五育融合的学校文化建设、现代学校管理及育人模式的研究。我们的工作室和谐而充满活力，每次研讨活动大家都能围绕主题各抒己见，学员虚心好学，热爱交流，善于反思，提高了理论水平，增强了创新意识，从此使工作室的工作取得了成效，形成了特色。通过研讨，工作室主持人和学员都初步形成了自己的办学理念，大家和而不同，各美其美。办学理念非一朝一夕能够形成，与校长的成长经历息息相关，每一次学习，每一次实践，都是一次提升。本书由广东省名校长工作室主持人刘玲芳及其入室学员共同撰写，主要展示他们的教育教学理念、成长历程及教育教学案例，并阐述了刘玲芳校长对真善美的教育的追求、尹叶锋校长对发光的教育的执着、卢建林副校长对有爱的教育的理解、陈小燕副校长对情怀教育的实践、曾爱辉校长做研究型校长的体会、李晓嫦校长对学习成长的思考。本书分为六个篇章，每个篇章都由一名校长独立撰写。六个篇章既有共性，即体现了校长个人的办学理念、成长历程、学习反思和教育教学经验体会；又有个性，即每位校长对教育教学的独特思考。本书展现了六名校长的实力、能力、潜力、活力和魅力，谨供教育教学一线同行参考。我们希望通过本书来展现自己的学习经历、工作经历、教育思考与实践探索。本书的编写，感谢广东第二师范学院于慧教授的鼓励和悉心指导，感谢本书编辑的宝贵意见。

由于编者水平所限，加之时间仓促，书中难免有疏漏之处，敬请专家和同行批评指正。

刘玲芳

2023年3月20日

目 录

第一章

做真善美的教育 ◎ 刘玲芳

教育理念——追求真善美……………………………………… 2

成长历程——播种真善美……………………………………… 4

办学实践——创造真善美……………………………………… 21

第二章

做发光的教育 ◎ 尹叶锋

教育理念——让每个人都发光………………………………… 34

成长历程——追光而行………………………………………… 37

办学实践——做发光的教育…………………………………… 48

第三章

做有爱的教育 ◎ 卢建林

爱岗敬业……………………………………………………… 56

爱学乐教……………………………………………………… 61

爱生如子···78

爱生的同事···84

爱生的老师···87

第四章

做有情怀的教育 ◎ 陈小燕

教育理念——让情怀生根·······························94

成长历程——让情怀生长·······························98

教学风格——让情怀凸显································102

办学实践——让情怀落地································114

第五章

做研究型的教育 ◎ 曾爱辉

教育理念——研究型教育的萌发·····················120

成长历程——研究型教育的发展·····················127

办学实践——研究型教育的落地·····················133

第六章

做学习型的教育 ◎ 李晓嫦

教育理念——学习型教育的诞生·····················144

成长历程——学习型教育的探索·····················155

办学实践——学习型教育的落地·····················165

第 一 章

做真善美的教育

刘玲芳

教育的本质是对真善美的追求，教人唯真、求善、尚美。真善美是全面发展的人应必备的基本素养，更是一种难能可贵的精神气质，是无价之宝。培养真善美的孩子，是教育的终极目标。做孩子精神家园最深情的守望者，用真善美的行动去培养真善美的孩子，让每一个孩子大爱求真，向善达美，拥有积极、乐观、勇敢的人生态度和价值观，一生幸福。

教育理念——追求真善美

弹指一挥间，我已在教坛耕耘了30多个年头，在这30多个年头里，我与许许多多的校长、教师一样，在平凡的工作岗上辛勤耕耘、默默奉献，品尝着教育教学生涯的甜酸苦辣，感受着教育人生旅途的喜怒哀乐。从教以来，我一直承担着超乎寻常的工作量。在从事语文教学工作的同时，我从班主任一步步成长为少先队辅导员、副校长兼工会主席、校长。在此过程中，我的教育理念逐渐形成。我一直在思考：教育的本质是什么？我国的教育先驱孔子说过："大学之道，在明明德，在亲民，在止于至善。"著名教育家陶行知先生也说过："教育者不是造神、不是造神像、不是造爱人，他们所要造的是具有真善美的活人。"教育的本质就是唤醒学生内在的真善美。我先后在广东省惠州市龙门县龙城第二小学、龙门县龙城第三小学两所学校尝试做真善美的教育。

苏联教育家苏霍姆林斯基说过："有怎样的校长就有怎样的学校。"那么，是不是校长的教育理念就是学校的办学理念？如果一个校长到过多所学校任职，那这几所学校的办学理念就都一致吗？我以为，学校的办学理念虽渗透着校长的思考，但更重要的是学校的历史积淀和现实发展。我在龙城第二小学和龙城第三小学任职期间，分别根据学校的历史、教育方针政策和我对教育的思考确立两所学校的办学理念。龙城二小办学的理念是"和美教育绘就多彩童年"；龙城三小的办学理念是"让和善的种子生根发芽"。这两所学校的办学理念既有相通之处，又各有特色；既有我对这两所学校的历史人文底蕴的剖析，又有我对教育现状的深入思考，还融入了我一贯以来的教育主张。下面是我对两所学校办学理念的解读。

相同之处，基于"和"。"和"的意思是和谐，"中和思想"是中华优秀传统文化的精髓，"中和"就是指"和谐"，是不同事物、因素之间的协调平衡，是人与社会、人与自然、人与自身的和谐。我主张追求教育的和谐，这里的"和谐"指整个教育大环境的协调，家庭、学校、社会教育目标的协调，以及师生关系的协调。学校按教育规律办学，教师按学生发展规律开展教育教学活动，学生各方面的才能协调发展，都是和谐教育的具体体现。和谐教育是学生全面发展的教育，是真善美的教育。

龙城二小的办学理念"和美教育绘就多彩童年"是根据学校的历史，也就是学校的美育特色而确定的。这里的"美"的内涵为全体师生对美的向往，追求仪表美、语言美、行为美、心灵美、人格美、精神美、生命美，在生活学习中发现美、鉴赏美、创造美。如：校训——心和事和志美行美；校风——和谐尚美；教风——和风细雨成人之美；学风——和乐融融各美其美；育人目标——会做人，会求知，会审美，会健体，会创造；办学特色——以美育人，以美启智，以美健体；共同愿景——让学校成为书画校园、文明家园、文化圣园、创新乐园，让每个教师拥有美丽精彩的教育人生，让每个学生拥有美好快乐的童年。"和美"教育是"和而不同，美美与共"的教育，追求人与社会、人与自然、人与自身的和谐，达到至真、至善、至美的境界，从而促进学生德智体美劳全面发展。

龙城三小的办学理念"让和善的种子生根发芽"也与学校的历史息息相关。学校从办学之初就注重童蒙养善。有善方能有爱，有爱方能有教育。和善的意思是和谐向善。古人倡导"和为贵""和而不同""和合共生""上善若水"，"和"是中国传统哲学的重要范畴，也是人类共建和平世界的需求。"和善"文化是对我国优秀传统文化的弘扬和传承，是立德树人的根基。它能够涵养人的和善品格，提升人的人文素养，促进人的全面发展。"让和善的种子生根发芽"，意思是孩子们在和善教育的滋养下，播下和善的种子，成就和善人生。校风"和谐求真向善尚美"，意思是形成和谐的教育环境、求真的学术氛围、向善的道德规范和良好的审美品质，它是对教育本质"真善美"的追求。教风"和衷共济，精业善道"意思是全体教师同心协力，共同克服困难，以精益求精的态度对待工作，认真负责高效地做好自己的本职工作，善于传道、授业、解惑，使学生修养达到善的境界。学风"和乐融融，勤学善思"的意思是学生快乐融洽，勤于学习，善于思考。

这两所学校的办学理念，融入了我对教育本质的理解，那就是追求教育的真善美。

成长历程——播种真善美

在工作中寻找真善美

　　我的教育理念与我的成长经历息息相关。作为教师，我与学生教学相长，追求真知，勤学向善，实现课堂和和美美；作为班主任，我善待每一个学生，教育学生要正直善良，有正确的审美观；作为辅导员，我带领孩子们在飘扬的队旗下践行真善美；作为副校长，我以身作则，与人为善，开展系列主题教育活动，涵养学生真善美的品格；作为校长，我在教育教学的各个领域全方位全面推进真善美的教育，在孩子们心里播下真善美的种子。

一、立善志，做善人

　　我来自农村，父亲也是一名教师，孩提时代，他就教育我要做一个诚实、善良、勤劳、聪明、有修养的人，在父亲的教诲下，我勤勉、努力，考上了师范学校，在校的三年里，我如饥似渴地学习科学文化知识。在此期间，我读了《钢铁是怎样炼成的》这本书，并被书中的主人公保尔·柯察金的精神和毅力所震撼。他的名言："人最宝贵的是生命。生命对于每个人来说只有一次。人的一生应当这样度过：回首往事，他不会因为虚度年华而悔恨，也不会因为卑鄙庸俗而羞愧；临终之际，他能够说：'我的整个生命和全部精力，都献给了世界上最壮丽的事业——为解放全人类而斗争。'"对生命做出了最完美的诠释——人生不能碌碌无为，虚度年华。从那一刻起，我就下定决心，我这一生要做有益于人类的事情。

二、存善念，养善心

陶行知先生有句名言，"捧着一颗心来，不带半根草去"。作为一名教育工作者，就要有这种奉献精神，以赤诚之心、仁爱之心投入教育事业中。1989年师范毕业后，我被分配到龙城三小任教。带着人民的重托，带着父辈的期盼，我怀着满腔热情投入教育教学工作中，决定把青春化作缕缕阳光洒进每个学生的心田。初登讲坛，学校就让我担任班主任，我决心让每一个学生都全面发展，努力成为一名能够提升学生人格的优秀教育工作者。我坚持言传身教，用自己严谨的工作作风、良好的言行举止、高尚的情操和自身的人格魅力感染学生，力求做到"幼吾幼以及人之幼"。我认为，只为传授知识而教学的教师不是好教师，顶多只是一名庸师，既教书又育人的教师才是好教师，是名副其实的人师。"没有爱就没有教育。"（陶行知）我爱我的学生，我爱与学生交朋友，了解学生生活、学习上的困难，及时给予帮助；我偏爱学困生，从不歧视他们，并通过心理辅导帮助他们找回自信，端正学习态度。为了提高学生的学习兴趣，每接到一个新班，我都会对学生逐一谈话、逐一家访，我常常与学生一起做游戏、劳动、谈心，与他们交朋友，我热衷于了解学生的生活，并对他们在学习上的困难及时给予帮助。我尽力帮助学校的病童、特困生，如曾有一名同学患肝病、糖尿病，为治病，他家负债累累，我带头捐款筹资，在全校师生的资助下，该同学摆脱病魔重返校园。我从来不打骂学生，经常与学生打成一片，所以学生跟我特别亲，我通过家访，争取家长协同育人，与每一个学生谈心，因材施教，用心育人。在班级管理中，我常常实行小组自治，细分工，培养每一个学生的自我管理能力，使班级管理井井有条，气氛活跃。我重视学生的心理健康教育，在县首创心理咨询室，进行了心理健康教育的课题研究，并"坐诊"心理咨询室，帮助学生摆脱心理障碍，使学生健康成长。

1990年，学校聘任我为少先队总辅导员，"双肩挑"的情况下我的工作量非常大，工作开展也困难重重，劳心劳力。每日的工作量都比普通教师多一倍，所以基本没有闲暇娱乐的时间。课余时间和双休日，别人去休息，我把时间和精力全用在学习上。要把纷繁复杂的工作做好，就要对教学工作和个人学习进行科学安排，善于开拓创新。我的经验是边学边干。孔子曾说："知之者不如好之者，好之者不如乐之者。"刚上任的时候，由于没有经验，我不知道怎么做好少先队辅导员的工作。于是我买了一本《少先队辅导员工作手册》，按照工作手册的指南开展少先队工作。我没有训练仪仗队的经验，也不知道怎么训练鼓号队，于是就买了一盒录像，边看、边学、边教。我与每一个学生和谐相处，善待每一个学生，与他们共同成长。我不会打鼓，便跟着录像学习，在学校里敲鼓练习，在家里吃完饭后拿着筷子练习。学生看着老师也在卖力练习，他们也就不再偷懒，没想到我们在县里的首次鼓号队比赛中竟然获得第一名。学生欢呼雀跃。每一次仪仗队训练，对每一个少先队员来说，都是身心的成长。我组织本校的少先队员参加各种献爱心活动和综合实践活动，感受奉献爱的快乐，体验动手的乐趣，在他们的心里播下了和与善的种子。10多年后，这些曾经的仪仗队员在工作岗位上都有吃苦耐劳的精神，成了各行业的精英，我感到特别欣慰。

任总辅导员的6年里，我既要抓好少先队工作，又要担任高年级一个班的语文学科教学和音乐学科教学，工作繁重而又琐碎，经常要利用休息时间加班加点，但我毫无怨言，因为我觉得自己年轻，精力充沛，应该多做点工作，干一番事业。我合理支配时间。白天一边上好课，一边有计划地组织开展丰富多彩的少先队活动。晨曦里带着号手吹响了嘹亮的队曲，夕阳下带领号手演奏着振奋人心的队乐。虽然早出晚归，但我感到了生活的充实和快乐。晚上，除了认真备好课以外，我还要认真学习少先队理论知识，设计队活动方案。假日里，一方面组织队员训练，另一方面按少先队辅导员的"六会"标准苦练基本功。在我的努力下，学校少先队工作蒸蒸日上。我训练的少先队仪仗队在参加县少先队仪仗队表演时再次获得第一名。团市委、市少工委、团县委曾多次到我校检查，开现场会，无不对我校少先队工作给予了高度评价。学校少先队被评为全国助残先进集体、全国红旗大队，多次被评为省、市、县少先队工作先进集体，市、县学雷锋先进集体，我也被评为市"十佳"少先队辅导员、市优秀少先队辅导员。龙门县总工会派我参加惠州市演讲比赛，幸运获奖，这是县总工会派出人员参加市演讲比赛首次获奖。县妇联主任看到我付出了努力，做出了成绩，找我谈心，问我是否愿意到县妇联工作。我谢绝了县妇联主任的好意，坚守三尺讲坛。党和国家给了我荣誉，我决定更加努力工作。

三、行善事，积善德

教育是行善积德的事业，我们要以身作则，立德树人。1996年9月，我被聘为龙城三小副校长兼工会主席，分管学校的德育、工会、家长学校、健康教育和语文教研等方面工作，并负责毕业班的语文学科教学。我感到肩上的担子更重了，压力更大了，但我没有因工作的重负而退缩，而是把压力变成动力，以饱满的热情去做好每一项工作。不管严寒还是酷暑，不管刮风还是下雨，我总是早出晚归，就连喉咙动手术医生要我休息一个月，我也未请过一天假，未耽误一节课。担任德育副校长的9年里，我注重开拓创新，善待每一个学生。在德育工作过程中，我发现不少学生存在心理健康问题，尤其是在留守儿童和离异家庭儿童中，这一问题相对严重。于是我购买了一批心理健康教育的书籍，认真阅读。一边学习，一边开展儿童心理健康教育工作，并在本县创建了首个心理咨询室，组织了几个有爱心的教师，与学生谈心，解开学生的心结。虽然，这样的心理咨询不是很专业，但是为学生提供了一个倾诉的机会，在一定程度上减轻了学生的心理负担。我们为有心理困扰的学生建立了个人档案，实行个案追踪，使这个学生无论在哪一个班级都能得到教师的个性化辅导，做到了因材施教。例如，曾经有个学生从来不说话，谁问她问题，她都不回答，不写作业，成绩很差，教师怀疑她得了自闭症。她父母都很忙，没有时间照顾她。钟老师每天中午都对她进行心理疏导，慢慢地学生开口说话了，原来这个学生并未患上自闭症，只是没有交流和倾诉的对象。我们对这个学生进行了个案追踪，让每一个接她的班主任都关爱她，后来这个学生逐渐开朗了，成绩也进步了。我发现很多学生存在家庭教育方面的问题，于是我把办好家长学校摆上了重要议事议程，组织德育团队想方设法开展家校协同育人工作。20世纪90年代，很多学校还没有意识到家庭教育的重要性，我依然坚持把家长学校办起来。每学期定期开家长会，举办家教讲座和家长论坛，组织家长优秀论文评选，弘扬好家风，评选优秀家长。每次开家长会，我们发现来开家长会的不是孩子的妈妈就是孩子的爷爷奶奶，鲜有孩子的父亲参加家长会。于是我们先在毕业班做改革，要求必须孩子的父亲参加家长会，如有特殊情况不能参加家长会的，孩子父亲要亲手写请假条。那一次毕业班家长会效果良好，而后该形式的家长会在全校推开，就这样父亲也开始加入教育的队伍中，我校家长的家庭教育意识不断增强，家校协同育人取得了很好的效果，学校也因此被评为惠州市家长学校示范校。

学校德育工作是否有实效，在很大程度上取决于学生的自主性和自我管理能力。我尝试放手让学生自主管理课间纪律、卫生保洁、放学归程队。采用自主评价和他人评价的模式登记每个学生的行为规范得分，每天公布得分情况，使学生形成了良好的行为习惯。我想方设法开拓德育工作新局面，教育孩子懂得仁义礼智信、忠孝廉耻勇，严抓德育常规管理，有计划、有步骤地开展系列专题教育活动，认真抓德育科研，主持了"发展健康心理，提高整体素质"的课题研究，努力办好家长学校。功夫不负有心人，学校被评为市家长学校示范校、县德育工作示范校、县德育工作先进集体、省文明单位。

2005年，我被任命为龙城二小校长。当时，学校处于低谷期，负债100万元，室场设备残旧，运动场因洪灾塌方，厨房和部分教师宿舍是危房，师资队伍薄弱，人心涣散，校风较差，教学质量下滑，优质生源纷纷出走。重塑老校新形象的重任因此落在我肩上。又逢布局调整，学校接管9所薄弱农村小学和6个教学点，我面临着前所未有的巨大压力。但我毫不畏惧，迎难而上，确立了"和美教育绘就多彩童年"的办学理念，以和美文化引领学校发展，几经努力，发愤图强，终于让学校旧貌换新颜，教育教学质量逐年提升。优良的校风和素质教育的成效令群众交口称赞。学校成了示范性窗口学校，国家、省、市、县荣誉接踵而来。在此期间，我的专业发展也取得较好成绩，课题获市教育科研成果奖，课例获国家级一等奖，论文在省、市、县发表或获奖。我先后荣获"全国三八红旗手"，广东省特级教师，惠州市十佳校长，县优秀校长、拔尖人才、教育风采人物等。

2016年，我轮岗到龙城第三小学担任校长，确立了"让和善的种子生根发芽"的办学理念，以和善文化引领学校发展，创下了令家长群众高度赞誉的佳绩，学校荣获中国好老师公益行动基地校、广东省学雷锋示范单位、省艺术特色学校、省禁毒教育示范基地创建学校、省信息化中心学校，省、市书香校园、惠州市心理健康教育示范学校、市扫黄打非示范点、市教学质量优秀奖等80多项集体荣誉、奖励，成为示范窗口学校。

2018年，我被选为广东省名校长工作室主持人。我积极领航，组建学习共同体，通过理论学习，问题诊断，行动研究等方式，提升入室学员的教育理论素养、管理能力和科研能力，促进校长专业发展。5名工作室成员迅速成长，全部评上高级职称。与入室前相比，各成员办学理念更先进，管理、理论水平更高超，办学有成效。

通过30多年的教育行政工作，我深深感到从事学校管理是从不会到会的过程，在这一过程中我们要特别注重学习，既要借鉴他人的经验，又要根据学校的实际进行改革。学校管理工作不是简单完成上级布置的任务，也不是按部就班重复常规工作，而是要不断创新管理模式和方法，出现问题时要有针对性地进行分析研究，找到解决问题的方法。

在课堂中播撒真善美

在做好行政工作的同时，我致力于教改，驰骋教坛，大胆创新。教师的主业在课堂，课堂是学生成长的摇篮，是学生增长才智的主渠道，也是学生探索真善美的主阵地。我坚信"校长必须是名教师"这一格言，始终亲临教学第一线。课前，我深入了解学生的已有知识状况，运用新课程理念一丝不苟地备好每一节课。我常常为准备一节课查阅许多参考资料。我要求每个学生课前都要做好充分的预习，带着问题走进课堂。为了减轻学生的作业负担，我运用各种现代化教学手段，优化课堂教学。课堂上，我尊重学生，以生为本，以学定教，创建了"激趣引思、自主探究"的课堂教学模式，用灵活的教学方法激发学生的学习兴趣，引导学生自主探究，让学生通过自身体验去获取知识，形成了独特的教学风格。我大胆地让"小鬼当家"，学生在说一说、辩一辩、演一演、赛一赛和担当"小老师"的过程中体验到了学习的快乐。课堂改革给课堂教学增添了无穷的魅力，我的语文课堂成了诗意的课堂、人性化的课堂。学生成了课堂的主人，尽情地吸取人类文化的成果，大胆地发表自己的见解，积极地探索、发现、研究问题。有多少次，学生追着我问："老师，什么时候上语文课，能多上几节语文课吗？"又有多少次，学生请求我："老师，能延迟一些时间下课吗？"我不但注重引导学生活学活用课本知识，而且注重引领学生广泛阅读课外知识，每周我都安排一节课外阅读课，带领学生到图书馆遨游知识的海洋。我的作业设计也很特别，或是阅读名篇、名著，或是写一篇读后感，或是摘录一些名言警句，或是进行一次调查研究、写研究报告……有时候，我还让学生自己设计作业，这样一来，学生总是兴趣勃勃而且很认真地去完成作业。由于学生对语文课产生了浓厚的兴趣，因此我的教学质量一直很好，我担任了多年毕业班语文学科教师，所带班级语文成绩在毕业水平测试中总是在县内名列前茅。上公开课是教师成长的有效途径，负责毕业班的10多年间，我每个学期都要上公开课，每一次上公开课，都有很大的收获和进步。每一次听课的同事提出意见和建议，教研室同志进行点评，都能让我明白自己存在的问题，从而促进我更好地改进课堂教学。公开课上多了，课堂教学也越来越得心应手了。当我代表龙门县赴惠州市参加青年教师语文教学大比拼获得市优质课一等奖的时候，我信心倍增，后来，我又代表龙门县赴惠州市参加校长公开课大比拼，再次荣获一等奖。一次次优质课获奖，对我来说都是极大的激励。我不仅以身作则，锐意创新课堂教学，还重视引导青年教师进行课堂教学改革，常常指导青年教师上公开课、示范课，诚恳地提出意见和建议。我坚持听课、评课，组织教学研讨、专题讲座，在我的指导下，我校的青年教师迅速成长，成为学校的教学骨干。

有人问我，工作这么忙，你不抱怨吗？是呀，我既担任行政工作又当教师，把一天中的绝大部分时间放在了教育教学工作上，对我来说，把试卷、备课本带回家是常有的事，家访也是工作时间以外的事，因此，顾及家里的时间总是少之又少。记得我念函授本科那几年，孩子还小，我又要负责毕业班的语文课，早上6点多已出门了，晚上6点多才回到家，夜深了，我还在做学校的工作，我先生开玩笑说："我怎么觉得你比国家总理还忙！"我还记得孩子上幼儿园那3年多，我只接送她不到10次。一次，幼儿园举行庆"六一"活动，我抽不出时间去看女儿表演。晚上，女儿对我说："班上所有小朋友的爸爸妈妈都去看节目了，只有我的爸爸妈妈没来，我没哭。"听了女儿的话，我心里酸酸的，孩子，妈妈欠你的太多！要想成为一名优秀教师，要付出很多，所承受的压力也很大。我常常把家人当作朋友，经常与他们沟通，努力争取家人对我工作的理解和支持。丈夫工作很忙，在家的时间不多，我让母亲到家中帮忙料理家务。但孩子的教育是无法让别人替代的。孩子很小的时候，我拿教案在孩子面前试讲，孩子听得手舞足蹈，像在听故事，真是一举两得。孩子稍大一点，我对她说："妈妈跟你一块儿做作业，看谁做得又快又好。"于是，我备课，孩子做作业，我与孩子同进步。只要肯用心，就能处理好工作与家庭的关系。要用智慧，用真情去调动家里人的积极性，自尊、自信、自强、自立是我成功的法宝。

我们处在知识爆炸的时代，要树立终身学习的观念，要用知识来武装自己，有了知识就有了自信，有了自信我们才能朝着既定的目标前进，只要我们用心去做每一件事，就一定能成功！

在学习中感受真善美

在成长的过程中，我从未间断过学习，我始终认为学历进修和学习培训是个人成长的必由之路。边工作、边参加学历进修的确很辛苦，中师毕业后，我参加了大专自学考试和本科函授学习。双肩挑的工作每天花去了我10多个小时，早上6点起床，一直晚忙到傍晚6点多，白天完成大量日常工作后，晚上才有时间复习。在职学历进修的好处是可以有目的地学习自己工作需要的知识，对工作更有指导意义。自学考试和函授学习，使我掌握了更多的教育理论知识，使我懂得了既要善于工作又要善于思考。我把学到的知识运用到日常的工作中，使我的工作效果取得了明显的提升。

除学历进修以外，我特别珍惜各种学习机会，积极参加培训，重视在学习中开阔视野、增长见识。

参加京苏粤优秀青年校长培训班使我实现了人生的第一次飞跃，2012年，我参加了由北京市普职成教育系统干部培训中心、江苏教育行政干部培训中心、广东省中小学校长培训中心联合举办的京苏粤优秀青年校长培训班。这次的培训使我对如何做优秀校长有了深入的思考。

第一期的集中学习，打开了我的视野。第一天，江苏省教育科学研究院研究员孙孔懿主讲了第一个讲座"走近教育家——苏霍姆林斯基成长之路的启示"。孙孔懿对苏霍姆林斯基的成长之路研究得非常深入，整个讲座运用了大量真实的数据和材料，引领我们多角度、近距离地认识苏霍姆林斯基，使我深深感受到这位朴实的人民教育家的光辉。苏霍姆林斯基把自己的整个生命都奉献给了教育事业，他对儿童的爱是一种自然的流露，是对每个儿童生命的尊重。他把自己完全融入儿童的世界里，尽其可能地创造适宜儿童自然成长的优良环境，努力地开发学生内在的潜能。此次研究的目的非常明确，就是为探讨适合儿童成长发展的环境、规律、教育教学方法。听了孙孔懿教授的讲座，我感到教育家离我们很近，他可能就是普通的教育者，他的根基在普通教育，他是我们许许多多优秀教育者的缩影。成为教育家，首先，要有对儿童的纯洁的爱、毫无私心杂念的爱。其次，要有对儿童的尊重与信任，在任何时候都极力保护儿童的自尊和学习的权利，相信儿童只要受到良好的教育都能健康成长为有用的人。再次，要对教育教学规律进行深入的研究，积极探寻适合儿童成长发展的教育方法、规律。最后，要有对教育事业的忠诚与执着，把教育事业当作自己一生的不懈追求。也许我们不能成为教育家，但是我们可以成为优秀的教育工作者。学校是我们研究的基地，教师、学生、家长都可以成为我们的研究对象，发生在教师、学生、家长之间的任何一个问题都可以作为我们研究的内容。只要我们对教育事业足够执着并对完美教育不懈追求，有对学生的无私的爱和高度负责的精神，我们就能成功。也许教育之路铺满荆棘，但只要我们朝着一个既定的目标，脚踏实地，披荆斩棘，一定能走向成功。

第二天，我们有幸聆听了南京师范大学杨启亮教授的讲座"课堂教学有效性的几个基础问题"。杨教授从非常高、非常深的角度去审视我们的课堂教学，使我受益匪浅。他从教育的本质剖析了我们的课堂教学，指出了研究课堂教学是否有效，不能仅拘泥于课堂，要延伸到课堂之外、课程之外、教学之外。要关注教学的隐性课程。要从人的全面发展和终身发展去看待课堂教学的有效性。我由此得到几点启示：启示一，有效课堂必须是以人为本的课堂。在高考的指挥棒下，课堂教学越来越功利化，将学生视作知识的容器成了教育的常态。为了追求高分，许多教师不断地增加课外学习时间，不断增加作业量，靠题海战术获取高分，致使课堂成了学生最讨厌的地方。对教师、对课堂、对课本，学生有一种无声的抗拒，但又不得不在家长、教师、社会的高压下应付着那永远做不完的功课。学生的人性被扭曲，培养出的往往是"高分低能"的学生。这种不尊重学生、不按教育规律教学的课堂不是有效的课堂。有效的课堂理应以学生为本，遵循教育教学规律，尊重学生，实现教书与育人相结合。学生是课堂的主人，教师应使其愉快地学习，积极主动地获取知识。师生之间的关系是平等的、友好的，才能实现教学相长。教师在课堂上是主持人、是导演、是引路人，负责为学生点燃心灯，不断地帮助学生挖掘智慧的源泉，从而使学生在每一节课上都有感悟、有收获、有生成。启示二，有效课堂必须是轻负担的课堂，即学生不是为了分数而学习，而是为了获取有用的知识而学习。机械重复的练习，学生不必做；学生已会的知识，教师不必教。教师应引导学生在课堂上主动地获取新的知识，要结合学生的已有知识状况设计教学过程，备课、授课要关注学生感受，课堂作业要布置有选择性的作业，使学生的整个学习过程都是轻松愉快的。启示三,有效课堂必须是真实的课堂。有的教师上公开课、示范课,练了一遍又一遍,好像其上课是为了表演,是为了作秀,这样的课堂不是有效的课堂。有效的课堂必须是原生态的,它是一种真实自然的教学过程,整个教学过程教师是真心地教学,学生学到真正有用的知识。启示四,有效课堂必须是以能力为重的课堂。只教给学生应试能力的课堂不是有效的课堂。有效课堂要注重学习方法的指导、学习能力的培养,让学生主动去探究,通过实践去获取知识。教师应使教学与生活紧密结合,与培养社会优秀公民相结合从而让教学过程不仅向学生传授基本知识,更能启迪学生的思维。

接下来的几天里,郑金洲教授为我们作了题为《校长领导力的开发与提升》的专题讲座。该讲座阐述了领导力的概念、构成、开发与提升。整个讲座思维非常严谨,引用了大量数据与实例,使我受到很大启发。胡金波教授的讲座详细分析了江苏基础教育的改革与发展,体现了江苏办大教育的信心与远见。江苏教育行政干部培训中心程振响教授主讲了"学校内涵发展与特色培育"这一专题,使我明白了学校教育一定要走内涵发展之路。理论学习,使我意识到理论知识的重要性。

理论学习结束后,我们来到柳如烟、花似锦的扬州城,走进有着深厚文化底蕴的梅岭小学,进行了为期一周的跟岗学习。学习日程安排得非常满,我们每天上午先听两节课,然后进行评课,下午则分别参加教科室对口交流,参观校外基地,参加质检部、德育部对口交流,参加级部考核会议、行政例会管理沙龙、教导处对口交流等活动。我们近距离地接触了苏州名校,解读名校,吸取经验,寻找差距,收获颇丰。陈文艳校长给我的印象特别深刻,她以一种独特的方式出现在我们眼前,让我们一睹她靓丽的风采。报告厅里,灯火辉煌,陈文艳校长站在报告席上,绘声绘色地向我们介绍了扬州市梅岭小学"以人为本,为学生终身发展奠基;重塑文化,为教师享受教育服务"的办学理念。几十分钟的报告里,陈文艳校长的脸上始终洋溢着幸福的微笑。在与陈校长的谈话中我了解到,她于1985年师范毕业后就开始在梅岭小学任教,至今在校工作已有27年了。她先后担任语文教师、教导处副主任、教导处主任、校长助理、校长。陈校长在谈到她的成长经历时说:"我任校长是临危受命,是意料之外的。"当时学校进行体制改革,需要从学校调出的十几名教师到其他学校。当时的翟裕康校长对这一做法深感不理解,因而辞去校长职务。陈校长兼任了两年代理校长后,正式被任命为梅岭小学校长。陈校长的成长离不开梅岭小学这块肥沃的土壤，也离不开她自身的努力，陈校长有很好的语文功底，她爱读书、勤思考、乐写作、追求卓越，对梅岭小学有着深沉的爱。她有深厚的文字功底，有明晰的办学理念，注重传承与宣扬梅岭的传统文化，善于思考教育问题，积极探索教育规律，管理水平高，善于总结经验，能把工作实践上升为理论体系。陈校长对梅岭精神、学校文化有深刻的思考，重视对教师的专业引领，专业发展。梅岭小学"以人为本，为学生终身发展奠基；重塑文化，为教师享受教育服务"的办学理念是通过以下策略实现的。

（1）注重教师培训。坚持走新教师和骨干教师培训两线并行的道路。对于新进教师，采取"通识培训+级部结对"的培训方式，做到培有目标，训有层次，特别是对于一些从高中、初中转入小学的教师，开展了一系列行之有效的活动；对于骨干教师培训，坚持以"常春藤名师培养工程"为抓手，加大名师梯队建设，最大限度发挥常春藤名师效应。

（2）着意文化立校，立足机制创新，趋于校园管理精致。梅岭小学以"文化立校"为宗旨，以"可法"为要义，以物态文化为基础，以制度文化为保障，以课堂文化为根本，以课程文化为支撑，挖掘学校的精神内核，发挥学校文化的正向作用；着重服务意识，营造和谐氛围，展示育人精美环境。

（3）科学管理。梅岭小学着眼于制度革新，确保标准先行，完善"一体四园"管理系统，实现学校管理的精致化。实行"三级管理"（执行校长—部门—年级），这三级管理以"级部管理"中"级"的管理为重点。把管理的"权"与"责"下放到年级。这种扁平化的管理方式实现了管理的精细高效。

学校校长宏观调控，部门监督落实。级部考核小组对本年级进行全方位管理考核。考核结果及时在校园网公布，树立典型，极大激发了教师团体工作的积极主动性。充分发挥了年级自治作用，实现了人人有事做、事事有人管。梅岭小学秉承"轻负高质"办学特色，坚持深化素质教育，树立全面质量观，着眼于质量提升，以课堂教学为主阵地，注重教学研究，通过科研兴教，加强过程监控，追求教学效果精益，保障全体学生达到基本学习标准以及让不同的学生得到不同层面的发展。梅岭小学构建"三园一体"的办学格局，形成了立体与扁平交错运行的"三级一系统"的管理模式，辅之以"行走的管理"等有效策略，使学校的运行流畅、和谐。

梅岭小学的跟岗学习，使我感触颇深。首先，校长要有先进的办学理念，要有宏谋大略。每位校长都必须思考：学校的发展目标是什么？发展方略是什么？办学理念是什么？如何规划学校的发展？校长为学校制定的发展目标需要得到全体教职工的认同。校长的办学理念，既要关注学校的发展，又要关注教师的发展，更要关注学生的发展。校长的办学理念要经过长期的、深入的思考沉积而成，它一方面是对传承学校优良传统的思考；另一方面是对学校未来发展的思考。校长要在思考中形成自己的办学理念。其次，学校的发展要有文化的引领。学校文化是在校长的引领下，通过全体师生的共同努力形成的，它能通过全体师生的精神风貌所体现出来的。最后，优质学校必须有高效的管理体系。梅岭小学的管理模式给了我们很好的借鉴。

第一，管理目标指令必须是明确的。第二，管理制度必须是完善的，而且是全体教职工乐于执行的。第三，要有严密的考评措施，实行量化考核。第四，优质学校的"优"体现在课堂教学的"优"。在梅岭小学听的几节课，都是优质高效的课堂。教师的基本功非常扎实，数学课是该校课堂教学的亮点。一年级到六年级数学课从不留课外作业。如何保证教学质量？一是传承了"四了三不"的课堂实效，"四了"指该讲的讲了，该练的练了，该评的评了，该收的收了。"三不"指不布置课外作业，不上其他课（数学课不被占用），不拖堂。自梅岭小学实行"四了三不"以来，数学教学质量一直稳居扬州市前列。因此，这"四了三不"的数学教学特色被保留下来。二是重视教学方法的改进创新。梅岭小学进行了"轻负高质"的课堂教学改革。把学生的负担转化为教师的辛勤劳动。教师一直在努力探索"轻负高质"的课堂教学方法，因而形成了浓厚的教研氛围。课堂上充分发挥学生的积极主动性，注重发展学生的思维。数学课堂设计与解决实际数学相结合，将数学知识应用到生活中。

京苏粤优秀校长培训班第二期的集中学习是在北京。我们先在北京市普职成教育干部培训中心参加理论学习，然后到北京第一师范学校附属小学跟岗学习一周。在北京的跟岗学习让我印象特别深刻。一师附小的课程丰富而有特色：德育类课程有美德课、文化活动课、重要仪式课等；民族类课程有泥塑课、软陶课、风筝课等；科学类课程有机器人课、创意搭建、科学小制作课、模型制作课、绿色行动课等；体育类课程有武术课、跆拳道课、韵律操课、篮球课等；表演与欣赏类课程有主持人培训课、课本剧课、英文赏析课等。北京一师附小创建了学生社团，共有6个学生社团，分别是小能人风采社、小机灵总管社、心灵互动贴心社、快乐音符活动社、金头脑研究社和小鬼当家服务社。"小机灵总管社"以"人才双向选择洽谈会"的方式引领社员竞聘小岗位，完善工作职责。"小鬼当家服务社"负责学校的生活管理。"心灵互动贴心社"的学生在每个学期都要开展"我想说老师"活动。"小能人风采社"负责学校的宣传工作，大眼睛广播台、英语自助餐，附小电视台是该社最重要的岗位。爱心交易会也是"小能人风采社"的品牌活动。"快乐音符活动社"负责策划学校的大型文艺聚会。"金头脑研究社"下设小课题研究苑、小不点古诗苑、小博学读书苑、小笔头书画苑。一师附小还制定了"一师附小小主人+小体验"，即在附小六年的学习生活中每一个学生要拥有"我当小引导员""我当小干部""我当小志愿者""我当小园丁"等角色体验。这些活动为学生开辟了更多的实践空间，使学生在实践中实实在在地增强了自主意识、锻炼了自主能力、获得了自主快乐。周二的下午是北京一师附小最热闹、最快乐的时光。学校30多门校本课程全面开放，学生以走班制的形式自主选择学习内容，每个学生的脸上都洋溢着快乐的笑容。北京一师附小高度重视环保教育，学校有许多环保工程项目，我们有幸与一师附小全体教职工一起参观了他们的节水设施。一师附小的德育管理模式给了我们很好的借鉴。一师附小本着以儿童快乐成长为本的理念，积极践行快乐教育，为了促进每一个学生生动活泼主动地全面发展，学校的各种教育教学活动充分发挥引导作用，鼓励全体学生参与、主持和管理校园工作，使学生都能"动起来"，使每个学生都有机会得到锻炼，成为主动发展的"小主人"，营造"人人有事干，事事有人干"的自主发展氛围。学校积极探索学生自主管理模式，为学生搭设自主管理的平台，培养学生的自主管理的意识和能力，促进了学生的自我发展，实现了学生自我教育的目的。实践证明，自主管理模式能够促使学校管理者切实把学生放在学校教育的中心。北京一师附小大胆进行课程改革，致力于每一个学生全面发展，是素质教育的典范。

课程是实施素质教育的主渠道。一师附小的校本课程做得非常成功，校本课程是实践快乐教育的重要途径，课程因自主选择而乐，该校的课程丰富而有特色，这些课程的开设为孩子们丰富的人生奠定了基础。一师附小的社团活动不仅在校园中充分发挥学生的主体作用，更引领学生从小学会关注社会，从小学会用自己小小的肩膀为社会担起应尽的责任，培养了孩子的自信，张扬了孩子的个性，增强了孩子感悟快乐和幸福的能力。由于每名学生都采取自主选择、自主申报的方式参与到社团工作中，每个社团活动更是由学生自主决策设计，这满足了学生成长的需求，充分表现了学生的个性和才能，培养了学生的自主意识，锻炼了学生的自主能力，同时培养了学生的良好思想道德和行为习惯，为学生的成长和成才创造机会，这是教育成功的体现。

反思自己的成长之路，从教几十年来，我曾先后担任班主任、少先队辅导员、副校长、校长等职，在这漫长的过程中，我只知道埋头工作。每天工作10小时以上，干的都是非常烦琐的事情，没有合理地挤出时间读书、思考、写作，因而理论水平、知识水平、写作水平都提不上来。没有很好地把自己的办学理论加以概括、提升。通过本次研修，我懂得了学习、思考、写作是多么重要。读书能使人变得视野开阔，学习能使人变得睿智。不学则会落后，我意识到自己应该挤出时间多读书、学习，成为学习型校长。只有知识渊博的校长，在教师中才有威信，才能带动学校迈向现代化。校长应该常常思考教育教学问题，每日三省，只有深入地思考，校长才会有正确的决策和清晰的思路。也只有深入地思考，才能将自己的办学理念渗透教育教学的全过程。校长要科学地管理好学校，当好"舵手"，使学校的发展不偏离正确的方向。今后，我还要多练笔，要把自己的所做、所见、所闻、所思记录下来。有总结才能有提高，才能做到扬长避短。只有多练笔，写作水平才能提高。

参加广东省新一轮"百千万首批名校长培养"，使我实现了人生的第二次飞跃。2012年我所在的学校已发展到一定高度，但如何让学校走向卓越？如何让每一名教师进一步成长？如何让每一个学生都得到更好的发展？我突然感到迷茫。我和学校都遭遇了困境。20多年的超负荷工作透支了我的精力和体力，每一天都是"忙、勤、拼、累"。接下来的路该怎么走？怎样带领师生轻装上阵，愉悦工作、学习、生活、成长？非常幸运的是，2012年底我被选为广东省新一轮"百千万人才工程"名校长培养对象，我迎来了第二次发展机遇。三年里，我过得忙碌而充实、辛劳而愉悦。每次学习任务都异常艰巨，集中学习期间，白天学习，晚上写研修日志，回家后写研修报告，此外还要开展在岗实践反思。好在每次研修的收获都很大，主题鲜明，内容丰富，既有专家高屋建瓴的理论指导，又有一线校长的实践指导，使我们一次次品尝着丰盛的精神大餐。

广东省基础教育系统百千万人才培养指导中心为我们提供了良好的学习平台，邀请了高宝立、顾明远、余胜泉等30多名专家讲座。这些专家个个都是教育领域的资深专家，知名度高，学识渊博，治学严谨，和蔼可亲。每一位专家都抱着对学员负责的态度，认真授课，课程中既有高深的理论观点，又有基层案例，专家所表述的观点深入浅出、见解独到。主题报告内容丰富，有针对性，涉及的都是当前教育改革的热点难点问题，既有对宏观方针政策的解读，又有微观的教育教学管理理论；既有对传统文化的研究，又有关于互联网与现代教育的探讨，更涉及了前沿改革话题。我认真聆听，如蜜蜂采蜜，吸取着百家精华，酝酿着自家之蜜。

三年多来，我们分别到国内北京、江苏、四川、台湾等地的学校跟岗学习，感受名校的魅力，取得真经。每到一所学校，我都认真参与每一天的专题活动，与校长、副校长、教师、学生交谈，观看校园的每一个角落，用心感受学校文化。在扬州育才小学跟岗学习期间，我对学校文化的传承与发展有了深刻的感悟与体会：学校文化需要坚守与传承；学校文化需要认同与发展；学校文化必须植根于课堂。在成都、重庆考察优质学校及互动研讨，我深切感受到成都、重庆课堂改革与课程建设的深入。成都、重庆的几所小学都将物质文化建设变为学校的隐性课程。学校的每一处廊壁都成了很好的课程资源。课程适合儿童的年龄特点，丰富而有特色，课堂教学非常灵活。尤其是盐道街小学"舌尖上的课程"很有特色，孩子们学得很开心。可见，学校要尽量给孩子们提供可选择的课程。在考查北京学校的过程中，收获也很大。北京第二实验小学是现代教育的典范，该校的九大文化建设及"以爱育爱"的双主体办学理念很值得我们学习；府学具有丰富的文化底蕴和内涵，国学传统教育经验丰富，值得参考。北京七一小学是课程和课堂改革的领航者，"大空间课改"理念很值得借鉴。在台湾，我们参访了台北市立大学附属小学、台北市南港小学、桃园县景硕幼儿园、台中教育大学附属小学、高雄市左营小学、台东大学附属特教学校、慈济大学附属小学、宜兰县玉田小学、达文西幼儿园等9所学校及幼儿园。这些学校及幼儿园极具代表性。我们用心观察、虚心提问、积极交流、深入思考，认真比较海峡两岸教育的差异，用求同寻异的思维去审视当地的教育，以获取更多的差异性信息。通过一系列的考察，我意识到，若想加强校园文化建设，则至少应做到如下几条：一是要加强人文环境建设。二是要进行人文管理。建章立制，以制度管人，同时做到制度的人性化。三是通过系列德育活动培育学生的人文精神，将中华传统文化教育列为德育的重要内容，使中华传统文化渗入教育教学活动的全过程。四是开展体验教育。增加人文教育内容，通过课堂教学和课外活动进行人文教育，促进学生在自我体悟中成长，达到心灵觉醒，从而理解并重视人生的意义，增添对社会的人文关怀与责任。

除了理论和跟岗学习，同伴互助式小组研修，也让我领略到广东名校长的风采，感受到每一名培养对象的办学都那么用心，成绩都那么骄人。东莞蔡柱权校长的学校教研是那么扎实，曾小辉校长的凤岗中心小学的大德育课程很有实效；深圳孔文东校长的滨河小学和美教育硕果累累，崔学鸿校长的深圳育才小学的绿色教育扎实深入；珠海李湘云校长的校园文化和艺术教育独具匠心；广州市番禺区市桥实验小学柯中明校长的根教育根深叶茂；花都钟丽香校长的冠华小学艺术教育多姿多彩。每一名学员都值得我学习，他们的教育理念都值得细细品味。

参加学校诊断，使我发现了学校存在的问题，找到了解决问题的途径。苏霍姆林斯基有个著名的观点："领导学校，首先是教育思想上的领导，其次才是行政上的领导。"我发现学校的一些工作之所以推动不了，是教师的观念问题。思想通了，事情就好办了。为了转变教师的观念，每一次培训归来我都向全体教职工汇报，谈自己的学习体会，向教师传送专家的理论观点，与大家一起分享名校的经验。从教师专注听讲的过程中，我感到教师也渴望找到新的发展突破口。慢慢地，教师认同了学校的办学理念，教师的观念在悄悄转变。

参加基础教育百千万人才培养对象学习，使我从明白一个只顾忙碌的校长不是一个成功的校长，只有善于思考，才能将学校办得更好，更有内涵和品位。以前，我每天都很忙，不仅没时间写作，甚至抽不出时间看书。现在想来，这是我没有认真思考、安排不周密、做事不够科学、没有把握好时间的体现。如今我懂得了思考是做好事情的前提，只要相信下属，分清哪些事情该自己干，哪些事情该下属干，别把该别人做的事也包揽了，调动每一个人的积极性，就能腾出时间学习和写作。但是，目前我的读书量还很少，写作也不多，还要多读、多思、多写，这样才能走得更远。

还有人说"一流的学校靠文化，二流的学校靠制度，三流的学校靠校长"，这话也很有道理。鲍传友教授的讲座使我懂得了学校文化是学校之魂，是一种无声的语言，它影响着学校所有人的行为，我们要以文化引领学校发展。

参加基础教育百千万人才培养学习的三年里，我一边参加理论学习，一边厘清了思路，确立了学校和自己的发展方向——我要做一个有思想的和美校长，不断丰富和美教育内涵，把学校办成书画校园、文明家园、创新乐园，让每名教师拥有精彩的教育人生，让每个学生拥有美好的童年。要让学校有个性，办出学校的特色；要让教师有个性，每名教师都有自己的教学风格；要让学生有个性，每一个学生各美其美。

　　参加培训学习，使我从一个只会埋头苦干的校长变成一个爱思考的校长。正所谓活到老学到老，校长、教师只有不断地学习，与时俱进，把握好党的方针政策，跟上教育改革的步伐，吸收最前沿的教育教学改革理念，在教育改革的洪流中搏击，才能教好书育好人，将学校越办越好，才能成为优秀的教育工作者。正所谓"路漫漫其修远兮，吾将上下而求索"！

办学实践——创造真善美

以和美文化引领学校发展

——龙门县龙城第二小学改进案例

学校文化是学校的灵魂，是学校可持续发展的动力源泉，对学生的人格塑造以及世界观、人生观、价值观的形成起着极其重要的作用。学校文化的形成与学校的历史、人文环境及本地的社会环境息息相关。

2005年9月，我刚到龙城第二小学上任时，学校发展严重滞后：负债累累，设施设备残旧，运动场地被洪水破坏，硬件设施落后；师资队伍薄弱，人心涣散；教师年龄老化，工作积极性不高，观念保守；没有改革的勇气和动力，教法陈旧。学校教育教学质量因此连年下滑，成了县城最差的学校。有的家长纷纷把孩子转到其他学校就读，优质生源不断流失。一年级招生形势严峻，最少时只招到70多人。又逢布局调整，学校接管了9所薄弱农村小学和6个教学点，面临着前所未有的巨大压力。龙城二小的出路在哪里？阿基米德有句名言："给我一个支点，我可以撬动地球。"对于一所发展停滞甚至倒退的学校，也需要找到一个类似的支点。那么，撬动龙城第二小学的支点是什么呢？经过一个多月的思考，我认为这个支点应该是学校历史进程中的一个亮点。我走访了龙城二小的老校长、老党员，查看了学校的历史档案，发现龙城二小历年来重视美育，尤其是对龙门农民画特色教学有一定的基础，曾获广东省教育管理科学吴汉良奖。我把这一亮点作为撬动龙城二小发展的支点。我组织教师班子讨论，明确了学校发展的定位：以和谐为基础，以本土民间传统文化艺术之美为切入点，发挥其熏陶作用，带动学校各方面发展，从而促进学生全面发展。于是学校就有了和美教育理念的雏形。后来经过深入研究讨论确立了学校的办学理念"和美教育绘就多彩童年"，以和美文化引领学校特色发展。我承诺与大家同舟共济，迎难而上，重塑二小新形象。经过一个又一个不眠之夜，我从全局出发，详细制定个人的五年任期目标。为了使和美教育办学理念落地生根、开花结果，我们申报了教育科研课题"和美教育的实践与研究"，并被批准立项为广东省"十二五"规划教学科研课题。一个个方案的制定和实施，使梦想渐渐变成现实。我以和美文化改进学校工作，全力推进素质教育，大力推动教育现代化，创建"和美"校园环境，建设"和美"师资队伍，实施和美德育，构建和美课堂，开展和美教育活动，很好地推进了学校的变革与发展，促进了学生的和谐发展。和谐是美，美是和谐。和美教育注重学生的和谐发展，是追求真善美的教育。

1. 建立和美行政班子团队文化

俗话说"火车跑得快，全靠车头带"。领导班子是一所学校的火车头。为了打造一个适合的班子，我通过多种途径锻炼发展班子队伍。一是量才用人，调整分工，明职定岗，让每个班子成员独当一面；二是实行每周班子汇报工作和议事制度，促使领导班子将工作落到实处；三是每学年进行"公仆杯"评选，使班子接受全体教职工监督；四是实行民主推荐制度，通过自荐、年级推荐选拔行政助理，让行政助理参与班子各项工作，再通过写作、演讲、民主测评等竞聘方式选拔青年骨干教师进入班子；五是坚持行政班子成员深入一线任课、蹲级、参与集体备课、听评课、参与课题研究，提升领导班子的业务水平。经过努力，终于形成作风过硬、凝聚力强的班子队伍。学校行政班子人人负责一个部门、一门学科、蹲点一个年级。人人独当一面，处处起模范带头作用，主动担当，积极作为，形成一种文化自觉。

2. 培育和美教师团队文化

教师是学校发展的主体力量，校长必须把教师的发展与学生的发展放在同等重要的位置。我积极推行校务公开，通过师德教育和开展丰富多彩的教工活动增强教工的向心力和职业幸福感。有计划组织校本培训，转变教师的教学观念和教学方式。通过开展"公仆杯""绿叶杯""创新杯"等评比活动，调动教师的工作热情；通过开展教师读书活动，提高教师的知识水平；通过公开挑选优秀教师担当中层干部，提高学校管理水平。为了促进教师专业发展，着力抓校本培训，并成立了八大培训部门：教师基本功修炼部、文体心灵疗养部、信息技术培训部、书香教苑部、语文研究开发部、数学研究开发部、英语研究开发部、班级管理创新部，挑选骨干教师担任部长，带动全体教师专业成长。这八大部门的培训涵盖了专业知识、基本技能、身心素养、管理能力等方面，有助于使教师团结、和谐、互助，气质高雅，乐教善教。另外，在促进教师发展方面，采用以下策略：一是精心准备每一次的教师政治业务学习，为教师举办讲座，组织教师学习新课程理念和名家经验，使教师的观念得到了转变。二是要求每个教师制订个人发展计划，鼓励教师努力实现个人目标。三是充分发挥年级、科级的团队作用，促进教师整体水平提高。四是努力为教师提供发展平台，如开展"创新杯"课堂教学评比活动，通过听、评课提高教师专业水平。改革集体备课，提高教师处理教材的能力。通过组织校级各种竞赛夯实教师基本功。五是鼓励教师参与业务、学历进修，提高教师文化水平，带领教师外出学习、听课，拓宽视野。六是鼓励教师积极参加县级以上的各项竞赛活动，增强自身能力。七是要求教师积极撰写经验总结、论文，并积极参评优秀论文和案例，提高自己的理论水平。八是鼓励教师积极参与课题研究，提高科研水平和能力。九是不断加大奖教奖学力度，调动教师专业发展的积极性。十是高度重视青年骨干教师的培养，用"选好苗子、适度压担、提供平台、榜样激励"的策略和"传、帮、带"的方法培养青年教师，让青年教师担任班主任、科级组长、行政助理、课题研究组长，使青年教师在磨炼中成长。在这一系列的努力下，8名教师成为县学科带头人，13名教师的优质课分别在市、县获奖，学校被评为广东省校本培训示范学校。通过一系列的改革，龙城第二小学形成了平等、民主、和谐、友爱、互助、积极向上、敬业奉献、开拓创新的教师团队文化。

3. 打造和美校园文化

良好的校园文化对师生起着潜移默化的影响，我高度重视校园文化建设，从整体构思校园文化，凸显人文性、艺术性、主体性。首先，争取上级领导大力支持，学校合理安排资金，搞好校园物质文化建设。投资200多万元修缮了因洪灾塌方的山顶运动场，改造了危房，建造了学生食堂，建立了校园广播系统，更新了电脑室，添置了电子琴室，更换了电教室和教师会议室的音像系统，建立心理咨询室，修建植物园等，使学校硬件建设得到大幅提升。其次，着力打造有特色的校园环境。幽美的校园环境能陶冶人的情操，学校将传承和弘扬龙门农民画精神为己任，依托龙门农民画这一文化资源，传承中华优秀传统文化，以农民画为线、以学生作品为主，努力营造美育氛围，我的设计理念是让墙壁"说孩子们的话"，对校园墙壁、课室走廊、功能室、办公室等进行一体化设计。在学校最显明的墙壁悬挂了龙门农民画图片及学校开展龙门农民画教学情况和师生作品，在学校橱窗开设了学生龙门农民画月月赛专栏，在教学楼、功能楼、办公室、课室每一楼层悬挂学生的农民画作品。开设校本课程，自编教材，开展龙门农民画特色教育教学活动，将德育融入其中，使整个校园展现出浓浓的美育氛围。师生农民画作品在市、县屡屡获奖，学生作品在全国德育年会上得到展示，中国新闻网、《惠州日报》、龙门新闻先后报道了学校开展农民画教学的情况。我校利用本土龙门农民画资源，成功地塑造了校园精神文化，形成了学校办学特色，提高了学校文化品位。本土农民画走进校园每一个角落，成为隐性课程资源，以其特有的熏陶功能影响着校园里的每一个人，龙门农民画所表现的勤劳淳朴善良的精神是中华民族之传统美德，将对学生产生了深远的影响。龙门农民画与和美教育相得益彰，相互融合，提升了学生的人文素养，在学生的心里播下了真、善、美的种子，促进了学校高品位发展。

4.构建和美德育文化

德育与智育同样重要，校长要以高尚的品行去影响、感染教师和学生。我坚持做到严于律己、身先士卒，力求将德育管理工作精细化。重视德育队伍建设，挑选管理能力强的班子成员分管德育工作，组建各项专评领导小组。认真落实德育常规工作，坚持抓好"卫生、纪律、做操、千分赛"四项评比活动，做到每天一公布、每周一小结、每月一奖励。促进各班形成良好班风，学生形成良好行为习惯。坚持开展每月一专题、每周一主题的活动。充分利用国旗下讲话、红领巾广播站、黑板报、班队会对学生进行爱国主义教育、尊师守纪教育、法制教育、安全教育、环保教育、勤俭节约教育、文明礼仪教育、感恩教育、革命传统教育等主题教育。每周的国旗下讲话都让一名学生进行专题演讲。这样系统的德育教育效果较好，学生思想受到熏陶。我还认真抓好心理健康和学困生转化工作。学校、班级分别建立了问题生和学困生档案，并针对其开展了心理咨询活动和心理辅导工作。我以身作则，经常与问题生、学困生谈心，全校心理健康教育和学困生转化工作收到良好效果，学校被定为惠州市心理健康教育示范学校，学生违法犯罪率为零。我构建了主题体验式，榜样激励式、自我教育式等德育模式。主题体验式德育模式具体步骤是：调查预设—共商方案—实践体验—汇报交流—反思内化，每月一个主题。榜样激励式德育模式的具体步骤是：自评—小组互评—全班共评，评选出六星学生，也就是"爱心之星、环保之星、勤奋之星、艺术之星、诚信之星、文明之星"，使学生养成了良好的行为习惯。积极发挥少先队作用，让少先队员当家作主，使少先队员主动参与千分赛评比活动，争当"广播员""小小演讲家"，培养少先队员自治能力。开展"六星"学生评比活动、促进少先队员创优争先，号召学生深入社区开展学雷锋、树新风活动。积极开展第二课堂活动和综合实践活动，培养学生的创新精神和实践能力，推进素质教育，让学生德智体美劳全面发展，学校成了孩子们的创新乐园，和谐家园。学校由此被评为广东省红领巾共促和谐先进集体。此外，学校不断完善制度文化，促进行为文化，制定了严格而又规范的各类规章制度，并要求全体师生严格执行各项规章制度，促进全体师生养成良好文明行为习惯，学校由此被评为市、县精神文明单位。

5. 构建和美课堂文化

创新课堂教学，促进科研兴校。以"重实际、抓实事、求实效"为教学教研工作的基本原则，以课题研究为切入点，落实教学常规，落实课改措施，大力推进课堂改革，抓好教学监控。严格按照由教育行政部门颁发的课程计划开设课程，开足开齐音、体、美课程，实施学生体质健康标准，保证学生每天一小时体育活动时间。认真制订年级、科组、个人计划，做到"五有"（有内容、有时间、有专人负责、有措施、有要求）。坚持抓集体备课，做到"三定"（定时间、定内容、定中心发言人）和"六统一"（统一进度、统一教学目标、统一每一节课授课的共性内容、统一重难点、统一作业、统一考查），注重集体备课的实效性。要求备课既要备教材又要备学生，改革备课方式，减轻教师备课负担。坚持开展创新杯教学大练兵活动。改变课堂教学质量监控的方法，以集体"会诊"的方式促进教师改进课堂教学。要求教师以激情培育学生课堂情感，以开放激发课堂魅力，以民主营造和谐课堂，以探究培养学生灵气，用多鼓励、多表扬、小组竞赛的方式激发学生的学习热情。经过一段时间的实践，大部分教师的课堂教学水平有了明显提高，课堂上更多关注学生的学习兴趣和热情、学生的学习方法和主动性。认真落实听课评课制度，实行"推门听课"，班子成员不定期深入教学课堂，听课后组织评课，促进了教师教学水平的整体提高。要求作业布置和批改讲求实效。精心确立全批全改的作业类型，兼顾巩固和发展性作业，不做机械重复的作业，各学科教师相互协调，减轻学生课业负担，并按时按质按量批改。加强培优辅差工作，深入开展教研活动，开展课题研究，注重方案制定、过程检查、阶段总结、资料积累、课题研究与日常教育教学活动相结合，在教学中发现问题、研究问题、解决问题，形成了浓厚的教研氛围，达到了科研兴教的目的。注重对学困生的辅导，做到堂堂清、周周清、月月清，对知识不过关的学生及时补缺。利用错题集帮助学生扫清拦路虎。注重课堂教学的多元化，提出"五育并举全面发展，培育特长"的课堂育人模式，以课堂这一主渠道开发学生潜能，发展学生整体素质。开设20多门兴趣课程，建设走班选修课，形成"求真、求实、求善、求美"的多元课堂文化。

6. 推行和美法治文化

大力推进依法治校。认真组织班子、教师学习教育法律法规，为师生举办法制教育讲座，依法规范教育教学行为。加强校务公开：一是政务公开，行政任免、重大事项决策、招生政策及时公布，使各项工作得到教职工的大力支持，顺利开展。二是财务公开，收费情况、学校收支计划、每月报表、岗位效益、福利补贴及时公开。实行"一费制"，严格执行有关收费规定，对收费的项目和标准进行公示。坚持收费两条线，严格遵守财务管理制度，从严控制开支，确保校管资金主要用于教育教学支出。工程建设和大宗物资采购经集体研究决定，加强学校资产管理，确保公共财产不流失。学校财务管理规范，节支开源，走上良性发展之路。增加了奖教奖学金，教工福利从整体上有了提高，调动了教师的积极性。

积极发挥党、工、妇、团组织的作用，构建和谐集体。一方面加强党风廉政建设，发挥党支部的战斗堡垒作用和党员的模范带头作用，带领党员团结进取，同舟共济，克服困难，努力践行科学发展观，在街道办行风评议中，二小党支部获第一名，学校被评为县先进基层党支部。另一方面积极发挥工会的作用，办好教工之家，畅通教职工合理诉求渠道。教职工代表大会积极参政议政，凡重大事项决策均由教职工代表大会通过。关心教职工生活，做到有病访、有事访、有困难帮。积极开展丰富多彩的教工活动，组织健身、做操、爬山、郊游、跳绳、踢毽子、球赛等活动，调节教工身心。全校教职工由此能够富有创造性地开展工作，学校工会被评为先进基层工会。发扬"四自"精神，站好一个岗，带好一个班，任好一门学科，积极参与课题研究，在各自岗位上做出了骄人成绩。学校被评为全国巾帼建功先进集体。作为市、县人大代表，积极写议案和建议，反映教职工心声，呼吁市、县政府重视教育、关心教工。

7. 和美文化引领城乡均衡发展

我们将和美文化引领学校发展的模式辐射到9所乡村小学和2所结对薄弱学校，整合教学资源和教师资源，实现教学管理统一安排、教育科研统一运作、教学资源统一共享、实践活动统一开展。积极构建资源信息平台，搭建人员互动平台，建立联动制度，帮助农村学校培训教师，指导村校开展教研活动，选派教师到薄弱学校支教送教，全方位拓展联动领域。经过努力，学校管辖的9所乡村小学都有了较大发展，教师队伍素质和教育教学质量明显提高。

8. 反思

学校特色建设顶层设计要有文化主题，文化主题是学校文化的核心，学校文化主题的核心来自对学校内在精神的提炼。文化核心的提炼要来源于学校内部，要从局部到整体、从片面到全面、从感性到理性、从经验的积累到理念理论的升华。学校文化核心的提炼一般有三种来源：学校在长期发展中所形成学校精神的提炼；学校教师在共同教育理念指导下所构思的教育愿景；学校历史和基于共同教育理念的学校文化提炼。文化引领要强调五点：发挥好校园文化的导向功能；发挥校园文化的熏陶功能；发挥校园文化的凝聚功能；发挥校园文化的激励功能；发挥校园文化的整合功能。

总之，学校教育不仅应该教给学生知识，还应该有使学生终生眷恋的东西和独特的文化熏陶在孩子们身上留下的烙印。

以和善教育促进五育融合

——龙城第三小学品质提升案例

2016年9月，我轮岗到龙城三小任校长，通过调研学校发展状况发现：学校还没确定校训和"三风"，应试氛围浓，师生心理压力大，工作疲惫倦怠，师生关系紧张，课程单一，非统考科目常被占用，机械重复作业多，校园文化生活单调，没有兴趣小组活动，没有良好的秩序，上放学进出校门、上下楼梯如一窝蜂，安全事件频发。如何改变这种现状？我从学校发展的历史去寻找突破口。龙城第三小学创办于1986年，起初只有一幢教学楼和一幢教师宿舍楼，学生不多，只有一年级4个教学班共100多人，师生关系很和谐。龙门县是经济欠发达地区，学校初期建设遇到困难时，李树森先生捐赠70万元建造了树森教学楼，该教学楼于1988年落成投入使用。李树森先生真心做慈善、热心办教育的精神激励着三小全体师生。教师敬业爱岗，用心育人，教育教学质量连年提升，涌现出一批优秀老师。陈震副校长被评为全国优秀教师，何美婵老师被评为全国教育系统劳动模范。优良的校风、教风、学风使学校发展成为窗口学校，生源年年激增，学校规模不断扩大。但是到了20世纪90年代初，学校进入浓厚的"应试迎检"期，每学期一统考，每年一大考，向重点中学输送尖子生，每个学期各项创建评估工作层出不穷。尤其是20世纪90年代中后期更是开始"疯狂的应试""激烈的竞争"，各种竞赛层出不穷。德育被忽略了，乃至说起来重要、做起来次要、忙起来不要。教育渐渐脱离了善与爱，没有了善与爱的教育，学校如同没有灵魂的工厂，学生如同工厂的产品，失去了灵性与活力。这样的教育，当然需要改革。

我审时度势，了解教育发展的动态。2016年10月《中国学生发展核心素养》正式发布，核心素养以培养"全面发展的人"为核心，分为文化基础、自主发展、社会参与三个方面，综合表现为人文底蕴、科学精神、学会学习、健康生活、责任担当、实践创新六大素养，具体细化为国家认同等18个基本要点。我据此找到了学校发展的方向。根据学校的历史和教育新形势，重新定位学校文化。20世纪90年代初，我在龙城三小任辅导员的时候，就经常组织学生开展慈善活动，和学生一起带着善与爱走进社区，开展志愿服务活动，传承与弘扬李树森先生的善与爱，学校由此被评为全国助残先进集体。这种善与爱，要一代一代人的传承与弘扬，于是我们确定了"让和善的种子生根发芽"的办学理念，目的是唤醒儿童的善，培育儿童向善的品质，教育学生与社会、自然和谐相处，善待自己和他人，让每一个学生在心里播下善的种子，最终成为和善之人，成就美好的和善人生。为了让"和善"办学理念落到实处，要落实从传统文化浸润教育。

1. 创造和善教育环境

打造带"土味"的校道，有"诗味"的花坛，有"校味"的楼名，带"童味"的楼梯，有"书香味"的走廊，有"家味"的教室，有"艺术感"的功能室场，有"动感"的运动场。学校的各栋教学楼重新命名：和乐楼、和风楼、和韵楼、善学楼、善思楼、善行楼。"一训三风"醒目地展示在墙上，"让和善的种子生根发芽"的办学理念墙特别醒目，提示每一个在校师生和谐向善。荣誉榜上写有陶行知先生的格言"千教万教教人求真，千学万学学做真人"，时刻提醒学校每一个人要真务实，要有真才实学。橱窗里，书法、绘画、优秀作业、进步作业、手工制作、手抄报、阅读心得……每一个孩子的成果都是展示的对象。书香廊，"吟古诗""诵经典""品书法""读名著"传统文化四大主题廊，诗词园、荣誉榜、楼梯学生书画主题墙、班级图书角、班级名片、班级学习园地等提升了学校的文化氛围以及物态的美学价值。构建隐性课程，学校走廊墙壁展示传统文化。打造了传统文化主题廊，发挥走廊文化的浸润功能。通过教学楼每层走廊不同的文化主题，展示中华优秀传统文化，学生边走边欣赏、边学边体验，感受传统文化的魅力。打造了古人勤学故事书香廊，以书香浸润传统文化教育。书香廊仿清代建筑，廊中刻有古色古香的古人勤奋好学的壁画，两边配有图书角，供学生课余时间阅读，用书香浸润学生心灵。打造了班级经典诵读角，营造读经诵典的良好氛围，学生无不沉浸其中。建设了书法室、农民画室、民乐室，传承艺术文化，传统文化如春雨般洒落在学校的每个角落，让师生在潜移默化中接受中华优秀传统文化的感染与熏陶，形成观念，进而转化为行为。

2. 开设和善课程，构建和善课堂，实行浸润式教育

学校将三级课程进行融合，对综合实践活动课、思品课与校本课程进行整合。构建学科校本课程，在学科教学中渗透中华优秀传统文化教育，发掘教材中的传统文化教育素材开展教学，引导学生体会民族精神。学校还开发了传统书画艺术审美教学课程、书法教学课程，武术操教学课程，开展了经典诵读古诗词教学活动。学校从实际出发，将传统文化教育内容与各学科有机融合，进行浸润式教育探索。在语文教学中浸润传统文化，在语文课程标准的基础上，增强学生对传统文化的认识和理解，培养学生对传统文化的热爱。在思品教学中浸润传统文化，传承中华民族传统美德如"孝、诚、信、礼、义、廉、耻"。在体育教学中浸润传统文化，通过武术操的学习，学生感受中华武术的博大精深和乐趣。在音乐教学中浸润传统文化，让学生学习传统乐器、欣赏传统音韵，接受美的熏陶。在美术教学中浸润传统文化，开展书法、农民画课程，使学生感受传统书画的熏陶。在品德教学中渗透中华优秀传统文化教育，了解一些爱国志士的故事，引导学生了解中华民族历代仁人志士为国家富强、民族团结做出的牺牲和贡献。在综合实践活动中浸润中华优秀传统文化教育，在英语教学中浸润传统文化，融合本土文化，激发了学生的爱国爱家情怀，树立了文化自信。

开发经典诵读、养成教育、三字歌、心理健康、书法、龙门农民画、舞蹈、合唱、电子琴、诗歌、写作、电脑绘画、演讲、手工等20多门校本特色课程，并以年级兴趣班和校级兴趣班的形式供学生自由选择（每周四下午开展活动）。琴棋书画、诗词歌赋，既能让孩子们领略传统文化之美，又能培养他们良好的审美情趣和人文素养。学校德育组根据学生实际，自编了《社会主义核心价值观》《好习惯，伴我行》《以美启智　以美育人》等校本教材，充分利用班会、队活动课开展校本课程教学。

构建"民主、平等、尊重、开放"的和善课堂环境，倡导微课堂与深度学习，让每一个学生都有公平、公正的机会展示自己。和谐课堂是"和而不同，各美其美"的课堂，具体视为师生关系和谐，生生互动和谐，学生内心和谐。学生"善思"，带着问题走进课堂，带着新问题走出课堂。学生用自己喜欢的方式学习。教师以学生为中心，不拖堂，不加课，用最少的时间收到最好的效果。构建"自主学习—交流讨论—精讲点拨—展示演练"为主线的和善课堂模式，让学生学会思考、倾听、表达、探究与合作。语文构建精讲多读课内外有机结合的教学模式，数学构建开放性思维训练的课堂教学模式，英语构建整体语篇以及运用思维导图提高课堂实效的教学模式。组建学习小组，开展合作学习，人人参与，每个孩子都可以发言，每个孩子都要发言，每个孩子都要展示，唤醒每个孩子学习的内在自觉性。培养学生倾听的习惯，不打断别人的话，质疑问难，发出不同声音，人人都耐心倾听，人人都参与互动。

3. 开展和善教育活动

实施和善德育，推行和善少年微行动，引导学生从小事做起、从我做起、从身边做起，在学校、家里、上放学路上日行一善。引导学生在实践中发现善，在体验中感悟善，在活动中养成善。

开展"和善好少年评比"活动，以"善待自然、善待他人、善待生命"为主要内容，对学生在社会、家庭、学校提出了具体的行动准则，汇编成《和善少年好习惯准则》，学生每人一本，并伴随整个小学阶段。好习惯每天打卡、每周自评、互评、他评一次，每月统计一次，学期末评比"和善少年"，有效地促进了学生良好习惯的养成。设立红领巾志愿者服务岗位，学校从少先队总部到每个班级，均设立值日生、校园保洁员、纪律督导员、门窗管理员等各种志愿者服务岗位，让每个学生都有服务岗位，引导他们从身边做起，从小事做起，做到"勿以善小而不为，勿以恶小而为之"。开展德育主题德育活动，由学生参与设计，班班组织，人人展示。建立和善制度，通过民主商议，细化每项制度，人人遵守制度并执行到位。

开展传统节日和综合实践活动，传承传统文化，寻找传统与现代的契合点。通过传统节日学习优秀传统文化，让学生了解中华民族重要传统节日及其文化内涵并感知家乡生活习俗的变迁。在少先队活动中渗透中华优秀传统文化教育，开展"中国梦，四季行"和善少年微行动，传播传统美德，扩大浸润效果。开展二十四节气和农耕文化调研活动，体验传统文化，丰富生活经验，打破传统文化与现代文化的壁垒。开展"戏剧进校园""中医药进校园"等活动，开阔学生视野，激发学生兴趣。利用早读10分钟进行"每日一诵"活动，使学生在诵读《三字经》等传统经典中领悟文字潜藏的意蕴。利用午读进行"每日一练"活动，带学生领悟中华文字构造之美。在每日课程结束之后，班主任组织学生利用10分钟进行"每日一省"活动，反思自己今日行为。通过晨读、午练、暮省等活动传承中华传统文化。利用放学排队时间进行经典诵读，巩固知识的同时，在诵读中领悟文字的韵律之美。组织和激励教师阅读《大学》《中庸》等经典书籍，书写读书笔记，通过教师的阅读带动学生阅读，而学生的阅读反过来促进教师的阅读，使师生之间形成良好的传统经典阅读氛围。

4.家校协同开展和善教育

办好家长学校，开设家教大讲堂，进行家庭教育指导，布置家庭作业（做家务）。洒扫应对，从家庭开始。开展亲子读书活动、孝老爱亲活动、"家务小能手"活动、"爱家乡，查乡情"活动和"参观革命根据地""重走红军路"等活动。通过开展这些丰富多彩的活动，引导学生崇德尚善，自觉践行基本道德规范，养成文明好习惯，真正将社会主义核心价值观内化于心、外化于行。和善教育之根在于家庭开发"传承好家风"校本课程，在家庭教育中渗透中华优秀传统文化教育，使学生了解传统礼仪，学会待人接物的基本礼节。传承好家风、好家训，以点带面，营造传统氛围，用传统文化引领家庭成员共同成长。开展"传统文化亲子阅读"，向家长推荐亲子阅读的方法，引导家长与学生共读一本传统文化经典，每天互相讲一个传统经典故事，如成语故事或民间故事；认识一位传统文化名人，带动"传统文化 书香家庭"的建立。

和善教育促进了学校的高品位发展，感动了上级，得到大力支持，县政府又为学校新建了一幢综合楼。学校终于等来了再次腾飞的好时机。

5. 反思

有爱才有善，有善才有教育。和善教育既需要坚守与传承，又需要突破与超越。要从观念上突破，实行全人教育，相信人人皆可成才，要用发展的眼光看待每一个孩子。和善教育可以创造奇迹，和善教育倡导微课堂，这将是课堂教学的主流。课堂的深度学习将是影响学生终生发展的核心竞争力。和善教育还要从课堂中突破，引导学生进行实践性学习、创新性学习、融合性学习，培养学生的批判性思维。和善教育还需要在制度中突破，制度不是高高在上的条条规规，而是人人必须遵守的一种行为准则，学校每一个岗位都要有自下而上制定的公约，要有一种契约精神，要守住道德底线，接受法律法规约束。

和善教育过程如同农夫耕种的过程，它的目的是让每一个学生像种子般生根发芽，自由呼吸，自然生长，享受阳光雨露，经历风霜雨雪，最终开花结果。

从教三十多年，我早把自己与学校融为一体，我的教育理想是追求教育的真善美，办真善美的学校，培育具有真善美的品质的学生，做一名草根教育家，以真善美的品格影响他人。我不需要成为大树，不需要成为艳丽的鲜花，只需要深深扎根教育的沃土，做一棵永不低头的小草，任凭风吹雨打，不屈不挠，永远朝气蓬勃，欣欣向荣。

第二章

做发光的教育

尹叶锋

生活不只是眼前的苟且，还有诗和远方。一个人眼里有光，心里才会阳光；一个人心里阳光，才会对未来充满期待和向往。我们的目的，是培育"有光"的人，能够"发光"的人。"光"就是亮点，"光"就是优势，就是希望。教师有光，学生才能被照亮，才能发出光芒。学生愿意做"追光者"，愿意自觉地"向光而学""追光而行"，通过追光敦促自己成为"发光者"。教育的意义就是让"潜在的光"发散出来，让"显在的光"变得更加明亮。

教育理念——让每个人都发光

陶行知先生提到"校长是一所学校的灵魂，要评价一所学校，首先要评价学校的校长"。作为校长，我经常反思，并时刻问自己：我应该做怎样的教育，应该办怎样的学校？带着这个问题，我在2018年参加东莞市举办的第十七期校长资格培训班的时候，在成都有幸听到了四川师大教育科学学院李松林"学校特色发展的顶层设计"的主题报告。报告中的案例分享包括：成都市清泉学校的"体悟式教育"——细流如泉，自明至清；成都市双流艺体中学的"适性教育"——顺天致性，掘能展长；成都市双流区煎茶中学的"和乐教育"——怡性安乐，清心致和；天府新区煎茶幼儿园的"守护心灵"——以爱育人，以心育心；成都市娇子小学的"博雅教育"——勤学致博，笃行达雅。这些先进案例使我获益良多。

我要做怎样的教育？要办怎样的学校？带着这两个问题，2019年我来到惠州市光正实验学校任小学部校长，惠州市光正实验学校是广东光正教育集团旗下的一所学校。集团的第一所学校——东莞市光明小学，主张"阳光教育"，提出"让每个人都阳光"，其中的"光"字，刚好契合"光正"中的"光"。

我想从"光"和"正"这两个字做一些文章。当《中小学德育》（2020年第5期）上阅读到绵阳市涪城区教师进修学校谢云老师的文章《好的教育让每个生命发光》时，我非常赞同其中的一句话："所有好的教育，就是'有光的教育'；所有好的教育，就是能够育出'发光的生命'，或者说，让生命本已具有的光变得更加明亮。"此时，我有了顿悟，"发光教育"就是"让每个生命发光"。对，我们要做"发光教育"！"发光"刚好也有一个"光"字，与东莞市光明小学的"阳光教育"既有一定的传承，又有进一步的延伸。

我们提出：发光教育——让每个人都发光。"光"象征梦想、远方、未来。一个人眼里有光，心里才会亮堂；一个人心里亮堂，才会对未来充满期待和向往。我认为教育的目的，是培育眼中"有光"的人，能够"发光"的人。"发光"的含义是自己能够发光，能够照亮自己也照亮别人，也寓意人生是很精彩的、有价值的，能够帮助他人，给他人以积极影响。

苏格拉底说："教育不是灌输，而是点燃火焰。"诗人叶芝也说："教育不是灌满一桶水，而是点燃一把火。"我们通过发现、培养、点燃三个步骤，让每个孩子都发光。一是发现，通过教师和家长去帮助孩子，让每个孩子去认识自我，发现自己的优势或潜力。二是培养，当我们发现了一个孩子的潜力或优势时，要帮助孩子把潜力发掘出来，把优势进行拓展和发挥，让孩子感受成功、感到自豪、建立自信。三是点燃，激发孩子的兴趣，让孩子主动学习，展示自我，找到自信，绽放精彩。让每个孩子都发出光来，让孩子的人生变得更有价值，让世界因为孩子变得更明亮。

对于学习成绩较好的学生，我们注重在学习方面的培养与引导，通过参与一些文化、学习方面的比赛，帮助他们从中寻找自信与成就感；在日常的教学之中，我们让教师对学生的意见加以聆听，能够依据学生的需要制订教学计划，让学生感受到学校对他们的注重，从而增强学习的信心。对于在学习方面不太擅长的学生，除了日常的教学，也注重让班主任以及科任教师观察他们的长处，帮助孩子发现自己的优势，发挥自己的优势，寻找自信。通过这样的方式，我们让学生对自身有更加全面地认识，从德智体美劳的各个方面发掘自己的潜力，激发自己的潜能，不因为学习方面的差异而陷入困苦之中，如此也能够让学生成为发光体，并照亮其他的人。

"让每个人都发光"中的"人"，不仅是指学生，也包括教师。只有教师能够发"光"，学生才能够被照亮；只有学生愿意成为一名"追光者"之后，教师才可以引导学生"追光而行"，促使学生得到发展。所以，在"发光教育"过程中，教师这一主体同样重要。

让每一个教师发"光"，首先是要丰富并增强教师的精神文化内核。我们提出向"高手"看齐，向"能者"致敬，也就是需要教师能够向同行的优秀教师靠拢，向榜样教师学习，促使教师朝着优秀教师的方向迈进。从而让教师保持一条心，形成一股劲，从而汲取力量，强大内心。其次是要注重让教师获取职业成就感。对于学校来说，教师团队是最宝贵的资源，是学校的核心竞争力。学校应根据教师的实际情况，通过有效提升教师的业务水平，帮助教师提高教学能力，让教师得到专业成长。学校营造良好的教师文化氛围，让教师依据自己的长处成立相关微课题专家组，引导教师成为"高手"和"能手"。在这样的氛围中，帮助教师在自己的领域发挥特长，进而成为"发光体"。

成长历程——追光而行

一、寻觅"光"，发现"光"

2012年8月，我由东莞市光明小学一个普通班主任被破格提拔，调往东莞市光正实验学校任小学部德育主任。2017年9月，我从德育管理工作转到教学管理工作，担任东莞市光正小学部校长助理兼教导主任。

2018年9月，时任东莞市光正实验学校的小学部校长调往云浮市光明外国语学校任总校长，我便接任东莞市光正实验学校小学部校长。大约在2019年5月，东莞市茶山镇教育管理中心召开教研工作会议，教管中心主任让我介绍学校在课程建设方面的经验，还提出带领一些校长到我校实地参观与学习。虽然经验交流会上我说得头头是道，但实际上很心虚。因为在这一年里我几乎没有进行课程建设方面的思考与实践，只是在网络上下载了一些资料，东拼西凑地完成了发言稿。也在那个时候，我产生了强烈愿望，要在课程建设方面进行一定的研究。

2019年秋，我从东莞市光正实验学校调至惠州市光正实验学校任小学部校长。两所学校都是集团内部的学校，教育教学基因均来自东莞市光明小学，管理上大同小异。东莞市光明小学、东莞市光正实验学校和惠州市光正实验学校是我最近15年先后工作过的地方，这三所学校有个共同的特点，就是都倡导素质教育，第二课堂非常丰富，但课程理论不够清晰，课程设置不够全面及合理。为了深入其课程建设的相关经验，我先后到东莞市松山湖中心小学学习"全人课程"、到成都市熊猫路小学学习"熊猫课程"课程建设的经验。

心动不如行动，"实践是最好的教科书"。2020年春季，突如其来的疫情，打破了正常的教学秩序，教师和学生都只能在家里进行线上教学和学习，这让学校的管理难度相对降低了很多，我们管理人员获得了更多的自由支配时间。因此，我买来了段立群主编的《核心素养与课程设计》并仔细研读，根据学校课程开设的实际情况对书中内容进行分门别类的整理。在理不出头绪的时候，我就将其中的某一个课程建设案例进行反复阅读，对书上的案例进行模仿以设计我们自己的课程。在线上教学期间，我跟教导处的同事共同设计了课程建设的框架，以及课程建设体系的雏形，并将该课程命名为"向日葵课程"，后来又更名为"向阳花课程"。当学校恢复线下教学后，我组织科长、备课组长进行专题研究，对各学科核心素养要求与课程建设进行统一，设计了八大课程群，七种课程实施途径，从而进一步丰富了向阳花课程的内容。通过规划、实践、反思、修订，使课程建设的思路慢慢地由模糊变得清晰。后来，我将"基于核心素养的小学阶段'向阳花'校本课程体系建设与实践的研究"申报为惠州市市级教育科学研究课题，并顺利通过立项、开题和中期报告，现正整理资料、收集成果、撰写论文，准备结题。

二、向着"光"，追逐"光"

2021年5月21日，惠州市教育局转发了广东省教育厅《关于选派新一轮（2021—2023年）中小学（幼儿园、特殊教育学校）名教师、名校（园）长、名班主任工作室入室学员的通知》（以下简称《通知》）。我仔细地阅读了文件的内容，知晓了文件的培养目标及方式是在工作室主持人及团队成员的引领下，以师带徒为主要培养形式，通过集中研修、跟岗实践、学科教研、课题研究、送教下乡、网络研修等环节，实施三年一周期的学员入室培养计划，进一步帮助入室学员凝练教育教学思想，创新育人模式、教育方法，形成教学特色与办学风格，提升教学质量与管理水平，推动广东省教师专业成长与基础教育高质量发展。

《通知》如一道曙光，让我眼前一亮。当我正需要一位引路人和一群志同道合者的时候，遇到了刘玲芳校长和她搭建的"广东省刘玲芳名校长工作室"。我抱着试一试的态度，填写上报了相关的申请资料，期盼能够加入"广东省刘玲芳名校长工作室"的团队进行研修。

在此之前，我对刘玲芳校长的了解仅来自网络和惠州市其他校长的口中。刘玲芳校长从1989年至2005年8月在龙城第三小学任教，2005年9月至2016年8月任龙城第二小学校长，2016年9月轮岗到龙城第三小学任校长。龙门县是广东省惠州市辖县，位于广东省中部，虽地处大湾区范围内，但实属经济欠发达地区。2016年9月刘校长轮岗到龙城三小任校长时，学校还没确定校训和"三风"；生均占地面积、建筑面积严重不足，功能室场不足，严重影响了学校教育教学活动的开展；设施设备陈旧老化；教师队伍变动大、不稳定，师资水平不高，跟不上教育现代化的步伐。刘校长带领她的团队，着眼于学校的发展状况，充分研究本土文化背景和新时期人才培养需求，提出了"让和善的种子生根发芽"的办学理念，以和善文化引领学校发展，以人为本，立德树人，五育并举，创建和善教育管理模式，培育学生综合素养，把学校办成平安校园、文明家园、智慧校园、创新乐园，打造博学乐教、精业善道的教师团队，促进学生全面和谐发展。刘校长带领她的团队通过5年的精心打造，使学校获得广东省学雷锋示范校、广东省信息化中心校、广东省书香校园、广东省艺术特色学校等30多项荣誉，教学质量连续五年全县第一。

刘玲芳校长是一个研究型校长，也是一个专家型校长，她从1995年开始尝试课题研究，经过20多年的成长，现为小学语文正高级教师、广东省特级教师、广东省名校长工作室主持人、广东省"百千万人才工程"名教师培养对象和省"百千万人才工程"首批名校长培养对象，她凭自己对教育的热忱和追求，扛起了龙门小学教育的一面大旗，撑起了龙门小学教育的一片天地。一个好校长成就一所好学校！就这样我便与刘校长有了第一次结缘，虽然我们还没有正式见面。

2021年10月，广东省刘玲芳名校长工作室成立，并开展了为期五天的集中研修。10月24日，工作室先进行了揭牌仪式和省级课题"小学传统文化浸润式教育研究"相关论证。之后的几天在主持人刘玲芳校长的带领下，参观了校园，并了解了学校发展的历程和学校办学理念及特色，进行了"小学传统文化浸润式教育研究"课题开题报告，参与了五年级语文备课组的课堂观摩和集体备课活动，参与了广东省名校长工作室主持人纪胜辉校长"中小学校长专业标准与成长路径"专题讲座，参与讨论了工作室的三年规划，并各自介绍了自己所在学校的工作现状，表达了自己专业成长的强烈愿望。真正接触刘玲芳校长的时候，我发现刘校长为人和善、平易近人，正如她工作过的两所学校一样"和善"与"和美"。

经过了几次线上研修后，工作室开始安排入室诊断交流活动。而彼时对于学校的教育教学现状，我依然存在一定的困惑，这些疑惑主要包括以下几个方面：一是课程。我校虽然有了整体的办学理念与育人目标，但是对于课程建设以及课堂建设，我校还没有形成完备的体系。二是教师。就教师的现状来说，虽然没有出现问题，但是整体的教学兴致并不高，无法为学生树立榜样，并引导学生"追光"。三是学生。学生是学校的主体，我们需要调动他们的积极性，才能够更好地开展"发光教育"，让学生成为"发光体"。

为了迎接刘校长以及工作室全体成员进行入校诊断工作，我校根据刘校长的指导，组织全体行政成员对小学部进行了SWOT分析。同时针对学校办学理念、育人目标、课程建设和校园文化进行了头脑风暴和系统梳理，并形成了"发光教育"的框架。在讨论会上，我提出了四个问题，即我是谁，我在哪里，我要去哪里，我要怎么去。只有把这四个问题一一回答了，"发光教育"才能慢慢地充实、鲜活起来。

1. 我是谁

惠州市光正实验学校是经惠州市人民政府批准，直属惠州市教育局管理的民办类十二年一贯制全寄宿式学校。学校位于惠州市惠城区江北街道，占地面积约300亩，设有小学部、初中部、高中部。其中小学部85个班，学生人数3880人，专任教师210人。

优势（Strength）。优势一：集团化办学，实力雄厚。优势二：有专业、负责、创新的教师团队。优势三：有丰富的校本课程以及相应的硬件设施。优势四：交通便利、学校规模大、影响力大、知名度高。优势五：丰富多彩的各类活动及德育作业。优势六：住宿制，管理规范，学生在校安全性高。优势七：学校重视教育科研工作，教育科研不仅改进了学校，服务了学生，更培养了教师，促进了学校的发展。优势八：严格的教学管理，课堂常规一日一查一通报，教学常规一月一查一通报，学校实行每期一次"教学开放日"。优势九：教师年轻、有活力、有干劲，团结好学，阳光上进；教学要求严谨规范，对教师课堂监控严格，强烈的以学生为主的服务意识。

劣势（Weakness）。劣势一：未创办出属于"光正"的特色名片。劣势二：优质教师资源少（尤指高级教师、名师、特级教师）。劣势三：体育课程单调，器械运用少，无独立体育运动器材管理。劣势四：教学设备老化，家长意见大。劣势五：学生时间安排较满，自主活动时间少，不利于学生发展。劣势六：优质师资不稳定。

机会（Opportunity）。机会一：通过课程、活动、晋升等，给学生、教师提供"发光"的平台。机会二：高考、教师资格、成人高考等大型考试考场，增加学校知名度。机会三："双减"政策下，大力促进学生多元化发展。机会四：学校在惠州当地已具有一定的影响力，稳定优质师资，保持自己的领先位置。机会五：利用广东省名校长（名师）工作室的平台和惠州市"头阵计划"平台，培养教师先进的教育理念，提高教师专业能力。

威胁（Threat）。威胁一：教育主管部门核准招生规模逐年减少。威胁二：周边同类民办学校存在潜在的竞争。威胁三：政策上不利于民办教育发展。威胁四：周边的公立学校越开越多，越办越成熟，竞争激烈。

2. 我在哪里

在哪里？不是在惠州吗？我们需要看一看我们旁边，它们是香港、深圳、广州这样的一线城市和东莞这样的新一线城市。先看看我们的邻居深圳的先后定位：粤港澳大湾区核心城市、改革开放先行示范区、深莞惠都市圈。惠州跻身两个"世界级群"——粤港澳大湾区世界级城市群、珠三角世界级机场群，香港、广州、深圳、东莞、河源、汕尾6个城市半小时生活圈。深莞惠都市圈的影响力仅次于上海都市圈、北京都市圈，以深圳为龙头的C5深圳大都市圈（C5即City Five），向纽约、东京、旧金山、伦敦等大都市圈看齐。所以，我们认为对办怎样的学校，培养怎样的学生，要站得更高，看得更远。

3. 我要去哪里

去哪里？这是我们的办学愿景和育人目标。经过多次深层次的研讨，惠州光正实验学校以"办素质教育全面、教学质量卓越的名校"为办学愿景；以"国际视野，家国情怀，博学雅致，身心健康"为育人目标。

国际视野：光正实验学校主张培养具有世界眼光的未来人才。当今世界，国际合作日趋紧密，不同肤色、不同种族有着不同的文化、习俗和教育背景。大千世界，千差万别，当代高素质人才在尊重个性化的同时，也要放眼全球，开阔眼界。学校通过传统英语、科学、国际研学等课程，创设中外交流的机会，让学生了解世界文化的多样性，与国际青少年加深沟通，使学生在交流互动中增进彼此之间的理解；在努力提升综合素质的同时，培养胸怀天下的气度，以宽容、理性、包容的心态面向未来。

家国情怀：光正主张培养有责任、有担当，具有"中国灵魂"的新时代青少年。"天下兴亡，匹夫有责"，新时代的人才不但要对社会、对国家多做一些贡献，也要对自己对家庭尽到应有的责任。学校通过语文、国学、古诗文吟诵、思品、亲子阅读、家庭美德、研学课程、中国传统节日文化课程，让学生了解、热爱、传承、弘扬中国传统文化，树立文化自信，增强民族自信心；让学生在"中华民族伟大复兴"的征程中贡献力量。

博学雅致：光正实验学校主张培养博学雅致，具有领袖气质的祖国接班人。博学，是一种学习的态度，学而知不足，不足而知学，学无止境。学校培养学生独立思考、勇于创新的能力。雅致，是一种生活的方式。男生儒雅，女生优雅，自带光芒，是一种充满阳光的心境，更是一种成为生活主人的姿态。学校通过语文、数学、英语、科学、书法、阅读等文化课程，以及家庭美德、班干部轮值、垃圾分类、生活礼仪等德育课程，乃至体育、艺术、科技节文化课程以及高尔夫、管乐、编程、机器人、足球、篮球、武术、健美操、钢琴、古筝、舞蹈、绘画等70余门个性化校本课程，实现文化教育与素质教育齐头并进。

身心健康：光正实验学校致力于培养身心健康的以实现中华民族伟大复兴为己任的建设者。健康是人生最大的财富，体育锻炼是健康的保证条件之一。通过体育课程、心理课程、思品课程、综合实践课程、阳光运动课程以及篮球、足球、武术、跆拳道、健美操、高尔夫等校本课程。引导学生在生活、学习、人际交往中，正确认识自己、调控情绪，学会处理人际关系，养成参与运动的兴趣和坚持锻炼的习惯，培养健康的生活方式和坚毅的性格品质。

根据育人目标，我们对学生提出了需要具体掌握的八项素养：学会交往的文明礼仪；能说一口标准的普通话；能写一手整洁的规范字；会说一口流利的外语；拥有一门擅长的学科；掌握信息技术的基本技能；培养一项艺术特长；坚持一项喜欢的运动。

4. 我要怎么去

要想实现"发光教育"，达成"国际视野，家国情怀，博学雅致，身心健康"的育人目标的根本是学校的课程。学校提出让课程"发光"，开展向阳花课程建设实践。以"向阳花"作为该课程的名称，是因为"向阳花"是我校的校徽标志，我校的创办人希望学校的每一个人能够在看见向阳花的时候感知到光的存在，感受到希望。向阳花课程是为了满足孩子们的成长需要而开设的，我们希望这一课程的建设，能为学生的发展提供坚实的基础，能够为学生提供支撑并对其产生持久的影响。

公民素养
家庭美德　生命教育
垃圾分类　文明礼仪
自助管理　生活自理
光盘行动　劳动教育
少先队活动
……

科往创客
白菜喝水　瑞雪兆丰年
神笔马良　浩瀚星辰
小雨霹雳舞　虹吸现象
安然无恙的纸巾　声动传奇
淘气小精灵　变废为宝
电动修理师　能力会生根

经典大语文
书声琅琅　童牙利齿
畅游童书　超级演说
开卷有益　畅所欲言
博览群书　口吐莲花
播种书田　能说会道
与书为侣　赏文日悟
书香致远　古诗吟诵
……

睿思数学
数与代数　空间与图形
计出速度　拼出精彩
创意实践　巧玩数学
启迪思维　探索数感
神算手　形色科幻
异面世界　有形有色
神"数"（速）小能手
动手&动脑　我是制作人

百灵鸟音乐
歌唱与律动　趣味发声
音符真有趣　音阶走楼梯
草原之声　歌颂祖国
音乐记号知多少　节奏排排坐
发声的魅力　小小指挥员
民族之声　赞美之歌
古风新韵……

4C英语
耳听心受
妙笔生花　阅读之星
快乐阅读　伶牙俐齿
English　Show
English　Salon
听词达人　声临其境
以读攻读……

跃动体育
阳光跳绳
快乐花球　立定跳远
功夫小当家　快乐跳绳
一字马　控球大师
小袋鼠排排跳　烽火篮球
小将开跳　标兵柔韧
站立体前屈
跳绳……

七彩美术
色彩大爆炸　探索线条
线条大冒险　梦想的颜色
卡通静物　冷色暖色对对碰
渐变色构成　线条的奥妙
艺术欣赏　电动修理师
光景变幻　表现立体
……

中心图：
向阳花课程

综合实践课程　基础学科课程
科技创新课程　学术拓展课程
阳光运动课程　文化课程
个性特长课程　艺术修养课程

　　如何让课程发"光"呢，开设特色课程，以具体的语文学科为例。在语文学科中，其学科核心素养主要包括语言的构建与运用、思维的发展与提升、审美的鉴赏与创造、文化的理解与传承四个方面，概括起来便是语文能力的培养。在实际调研过程中，我与几位学校的语文教师进行了沟通交流，了解到当前的高考中，语文卷对学生的古诗词理解、文言文阅读、现代文阅读、作文，以及学生的书写都进行考查。据此，小学部的语文教研组便主动将课程教学与初高中的教学进行了衔接，在小学部开发了书法、阅读和国学等具有一定特色的课程，期望借助这样的方式构建起"大语文"课程体系，从而让学生的语文核心素养得到提升。

　　首先，便是书法课程的开设。开设这门课程的目的，一是通过写字可以让学生的心境变得更加稳定；二是让学生在考试或者作业时的书写更加整齐流畅。为达成以上目标，可以从这两个方面入手：一方面，研发校本教材，对于校本教材中的内容，可以从语文教材上的生字中选择，依据部首和结构分类，然后整理成册。之后，便可以将这些教材交给书法教师进行研发，书法教师依据学生的情况以及教学实际，通过录制微课等方式制作校本课程。另一方面，则是课程实施方面，每一周选择一节课的时间开设书法课，每天安排20分钟的写字课，让学生每周都能有专门用于写字的时间。书法课的教师，可以由专职教师担任，而写字课的教师则由语文教师兼任。

其次，开设国学课程。国学课程的开设，能够让中华传统文化得到一定的传承，让学生可以从中华传统文化中汲取力量，培养学生修身、齐家、平天下的本领与胸怀。学校的国学课程，其教学内容主要为对《弟子规》《三字经》《论语》《大学》等名典的学习，引导学生从这些经典读物中提炼需要的知识。同时，在高考的时候，不论是语文，还是历史，抑或其他的学科，都对学生的文言文能力有一定的要求。只有让学生从小吟诵和阅读，才能够尽早地帮助学生培养文言文的语感，熟悉与文言文相关知识。所以，在开设国学课程的时候，要以校本教材的研发为基础。对此，可以将文言文学习分为三个部分，即古诗文吟诵、经典国学诵读和中国近现代经典诗文赏读。之后的步骤，便是课程的具体实施，关于这点，可以在每周开设一节国学课，并且让学生晨读的时候花费10分钟进行文言文的诵读。为了在潜移默化中培养学生对国学经典的兴趣，学校还将上下课的铃声设置为相关的音频，如《声律启蒙》等。为了提高学生的学习积极性，学校方面在每周举行一次诵读比赛，根据学生的水平为他们颁发相应的奖励。开设国学课程，不仅可以让学生的古诗文语感得到培养，还能让学生的家国情怀得到有效的养成。

最后，便是阅读课程的开设。作为一名校长，为了了解学校的实际情况，我在2019年9月，对本校六年级学生的阅读情况展开了调查。经过实地调查后发现，本校六年级只有不到一半的学生有主动阅读的习惯。为了改善这一状况，当时与学校语文组的教师召开了会议，商讨如何让学生对阅读感兴趣并保持对阅读的兴趣。语文组教师在商量之后，提出这样的解决对策，即为学生安排每天的阅读书单，并且督促学生在"阅读存折"上面记录下自己当天的阅读情况，并且还创设了"阅读币"，也就是学生每读一页书，就能获得一枚阅读币。为了提高学生的阅读兴趣，教师还会找机会让学生适度消费"阅读存折"上的阅读币，让学生依据阅读币存款情况找教师兑换小礼物。当然，这里的小礼物并非特别贵重的东西，而是带读书箴言的书本，或一些比较精美的小礼品，如书签、笔记本、钢笔等。借由类似的方式，将学生的阅读兴趣激发出来。学校还可以开展"课本剧展示"主题活动"亲子阅读课本剧"，引导学生以不同的形式参与阅读，引导学生养成阅读习惯，培养并保持学生对阅读的兴趣。

我校目前已经开发了语文类校本课程五大类17门，数学类校本课程四类19门，英语类校本课程五类8门，综合类校本课程三十五类70多门。

三、成为"光"，散发"光"

我2001年走上教师岗位，2012年走上学校中层管理岗位，2018年走上校长工作岗位；2018年开始校长资格培训，2020年入选惠州市头阵计划卓越校长"1+N"培养对象，2021年成为"广东省刘玲芳名校长工作室"的入室学员。论文《全方位提升教育质量保障优质生源供给——聚焦核心素养提升教育质量实践探索》和《题组设计在小学数学练习中的有效运用》于学术会议上发表，《让每个人都闪闪发"光"——一个校长的教育随想》在《当代教育实践与教学研究》发表，《品味翰墨书香 弘扬传统文化——创建中华优秀传统文化传承学校书法特色课程介绍》在《教育与社科辑》上发表，《让每个人都发光——浅谈惠州光正小学的治校方略》在《南粤名师》发表。2014以年课题组排名第一的成员身份参与广东省德育课题"寄宿制学校德育作业实现'5+2'家校教育合力的研究"并经广东省中小学德育研究与指导指导中心鉴定结题，2021年主持课题"基于核心素养的小学阶段'向阳花'校本课程体系建设与实践的研究"。

我一边学习，一边反思，一边实践。对教育有了一点自己的理解，在实践中有了一些自己的经验，也带动了一批教师一起教学、一起反思、一起研究、共同成长。在"发光教育"的实施过程中，学生因此而进步，教师因此而成长，我也因此感受到职业成就感和职业幸福感。2021年，我校潘丹丹老师被评为"南粤优秀教师"，她写了一篇题为《逐光而行，向那理想之境》的文章送给我，摘录作为本文的结尾：

逐光而行，向那理想之境，

我想，

四叶草没有出现在我的眼前，

是因为我不够幸运。

我想，

流星没有轻轻划过我的头顶，

是因为我不够幸运。

我想，

因为最大的幸运成了，

一个伏笔，

让我能够走进你——光正！

这是2014年我刚进入惠州光正，随手写下的一时感触。时隔八年，凭着"回忆"这扇任意门，我回顾在光正的教学历程，有喜有忧，点点滴滴，但仍深深感受到最大的幸运一直未走远，因光正有您——我们的尹叶锋校长！

且行且向着明亮那方

您站在队伍前沿，登于高处，把握方向，凝聚共识，汇集力量。您在一场治校方略讲座中分享："我希望学生在惠州光正小学通过6年的学习，将来能够幸福60年；希望教师在光正工作，能够体验到教师职业幸福感；通过发光教育，让师生有机会做自己喜欢并擅长的事情，得到他人的赞赏，从中体验愉悦的感受，体验由此带来的成就感和幸福感。"您用浅显易懂的语言将"向阳花"校本课程愿景具象化，让课程理念带着一股清香，透着一股暖意，变成激励光正师生前进的动力。我有幸加入您所主持的"基于核心素养的小学阶段'向阳花'校本课程体系建设与实践的研究"课题组。在您的引领和全体教师的力行实践下，我校核心素养与课程设计之画卷缓缓展开。

问题即课题，研究即成长。我们研究教学过程中的报告书、教学论文、案例或来源于现实的点滴感悟，解决遇到的问题、矛盾、困惑，由此而产生的想法、思路、对策等，它们也许不够成熟，但文字体现的是思考的痕迹。我们在您带领下进行的种种实践，都提醒我们正走在素质教育之路上。我对"发光教育"的理解，逐渐由模糊变得清晰。"哪怕一片叶子，也要向着日光洒下的方向……"因为有您，我们向着光明的方向砥砺前行，心怀喜悦。

且行且向那理想之境

终日乾乾，与时偕行，您搭舞台、给策略、常鼓励、时督促，以"教师档案""八个一"的"向阳花"研训模式……让教师的美好期许和光彩之处尽情绽放。您多次会议上语重心长的有关"职业素养自我提升"的教诲，让多少教师心里掀起了波澜，从"他觉"走向"自觉"的学习道路，有了规划自己的教育人生的意识。

　　自我的觉醒，让我真正感受到作为一名教师的价值和幸福。我在您带动的学术氛围的影响下，在一次次教学实践中收获师生共成长的硕果，多篇论文获得省、市级荣誉；在您的示范引领下，通过遴选荣幸加入广东省名教师工作室，获得更广阔的学习平台；在您的悉心指导下，幸运通过资格审核，获得"省小语会优秀工作者""南粤优秀教师"等称号。

　　您是学校办学理念的倡导者，学校卓越发展的规划师，教师专业成长的促进者。您有时是行走在队伍最前面的掌灯者，有时是行走在团队最后的压阵者，不管站在什么位置，您总能出现在大家最需要的地方，以理想照亮远方，以情怀凝聚人心，以担当扛起责任，以智慧逐光前行，带领教师在日复一日的平凡工作中觅得快乐，在琐碎而寻常的教学生活中遇到惊喜，追寻教育理想之境！

办学实践——做发光的教育

　　下面是让每个人都发光——惠州市光正小学"发光教育"的实践案例。

　　20年前，我成了一名光荣的人民教师。我时刻问自己：学生需要怎样的教育？我要成为怎样的教师？2019年，我从东莞调往惠州，担任惠州市光正实验学校小学部校长。我经常反思，应该做怎样的教育，应该办怎样的学校？20年来，我从一名普通的教师，历经德育主任、教导主任、校长助理、副校长直至校长多岗位锻炼，对教育的理解，逐渐由模糊变得清晰。我来到惠州光正后，经过扎实的调研，并汲取其他校长的办学经验，再在传承原有办学理念的基础上，提出了"让每个人都发光"的教育主张。在不断地探索和实践中，凝练出"让每个人都发光"的教育主张，"为学生的终身发展奠基、为教师的专业发展铺路、为社会的进步发展育人"的办学理念，国际视野、家国情怀、博学雅致、身心健康四大育人目标，向阳课堂、向阳学科、向阳社团、向阳节日、向阳礼仪、向阳空间、向阳旅行七种实施途径，公民素养、经典语文、睿思数学、4C英语、七彩美术、跃动体育、百灵鸟音乐、科往创客八大课程载体构建而成的"发光教育"体系。

　　惠州市光正实验小学隶属广东光正教育集团。光，明也；正，守一以止也。"光"和"正"均源于儒家思想，是"君子"的真正内涵。学校基于集团文化的引领，以"光"的力量，育"正"的人才。我们提出做"发光教育"，让每个生命都发光。发光教育的目的，是培育"有光"的人，培养能够"发光"的人。"光"就是亮点，就是优点。当代教育家魏书生说："教育就是发现优点，守住优点，让生命开花结果！"

　　美国心理学家马丁·塞利格曼在《持续的幸福》一书中提出人的幸福有五大要素：愉悦的感受、成就感、做喜欢并擅长的事、温暖而持久的亲密关系、帮助他人。我希望学生在光正小学学习6年，将来能够幸福60年；希望教师在光正工作，能够体验到教师职业幸福感；通过发光教育，让师生有机会做自己喜欢并擅长的事情，得到他人的赞赏，从中体验愉悦的感受，体验由此带来的成就感。

怎样把教育主张和办学理念落实到日常教育实践呢？

一、"发光教育"逻辑框架，构建学校长足发展的支撑体系

"不谋全局者，不足谋一域。"要发展一所学校，首先要因校制宜做好顶层设计和全面规划，凝练办学理念，打造学校文化。我校从"让每个人都发光"的教育主张出发，遵循"为学生的终身发展奠基，为教师的专业发展铺路，为社会的进步发展育人"的办学理念，建立起以基础学科课程、综合实践课程、个性特长课程三大板块为主的"向阳花"课程体系。

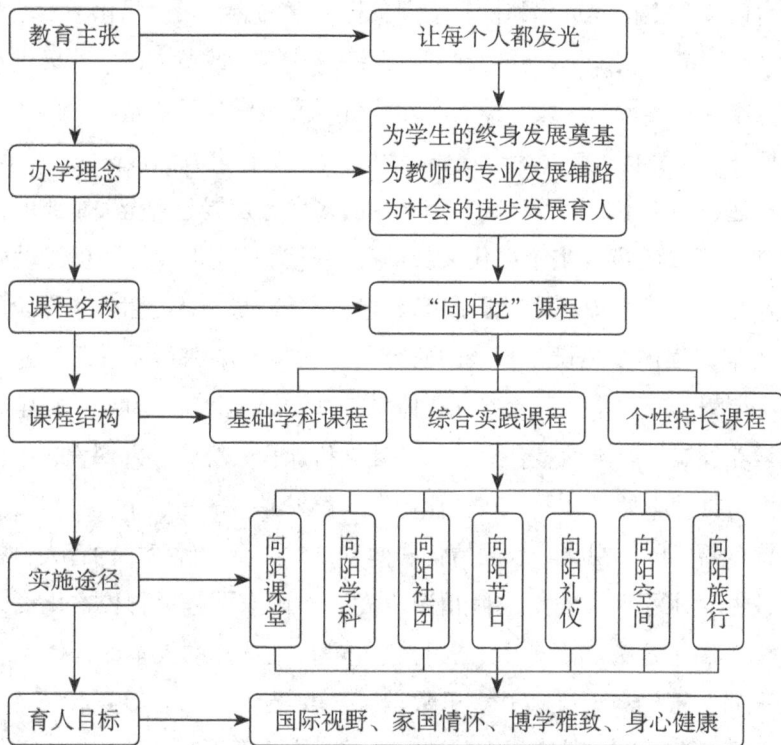

二、"发光教育"实施过程，让每个学生都可以"发光"

在办"发光教育"的过程中，我们坚守"教育不是灌输，而是点燃火焰"这一原则，通过发现、培育、点燃这三个阶段，让学校的每一个学生都可以

"发光"。通过发现，让学生在教师与家长的帮助下认识自我，发现自己的兴趣爱好；通过培养，让学生的兴趣爱好成为自身的特长，变成自己的优势，促使学生从中感受成功的喜悦，并建立起自信；通过点燃，将学生的优势展示出来，对兴趣进行持久地激发。学校开展各类比赛以及学科展示活动，搭建不同的平台，让学生积极主动地展示自我，进而找到自信，绽放出属于自己的精彩。我们办"发光教育"的目的，就是要在孩子的启蒙阶段，在他们的内心种下一颗发光的种子，然后通过科学合理的引导方式，帮助他们更好地成长，成为一个个"发光体"。

三、"向阳花"课程，为学生终身发展奠基

2021年7月24日，中共中央办公厅、国务院办公厅印发《关于进一步减轻义务教育阶段学生作业负担和校外培训负担的意见》，明确强化学校教育主阵地作用。"双减"政策下，我们深刻把握新时代育人改革方向，积极进行"向阳花"校本课程建设与实践，探索多元评价，发展学生核心素养，落实立德树人根本任务，培养德智体美劳全面发展的社会主义建设者和接班人。

课程建设对学生的个性化成长和学校的多样态发展起着至关重要的作用，丰富的课程可以满足学生个性化成长的需要。为了让学校的课程建设更加规范、专业和有指导意义，我申报了市级立项课题"基于核心素养小学阶段'向阳花'校本课程体系建设与实践的研究"。我将校本课程体系命名为"向阳花"校本课程。"向阳花"校本课程体系是基于学生人文、社会、科学、艺体等基本素养发展的要求而整合形成的基础学科课程、综合实践课程、个性特长课程三大门类校本课程体系。在"让每个人都发光"的指引下，为努力实现具有学校特色的"国际视野、家国情怀、博学雅致、身心健康"的育人目标，我们从学校办学水平和质量等实际情况出发，对国家课程进行校本化设计，构建了一个充满生命力、多维度、有特色、可自主选择的校本课程体系，形成"公民素养""经典语文""睿思数学""4C英语""七彩美术""跃动体育""百灵鸟音乐""科往创客"课程群的八大主要课程载体。该课程体系注重实效与反馈，注重评价模式的立体化，让学生在自主选择、自主学习、自主发展的过程中逐步形成积极向上的学习和实践态度，像"向阳花"一样永远向着阳光的方向生长，勇敢追求自己的梦想，成为闪闪发光的人，能够影响他人、照亮世界。

"向阳花"校本课程，形成了一个充满生机活力、内容多元化、富有学校特点的教学体系框架，同时根据学生成长情况和教师发展实际，实现了资源整合与课程延伸。完善的教学方法，以及多渠道，多途径的评价，能够唤醒生命意识、启迪精神世界、开发生命潜能、提升生命质量。"向阳花"校本课程既向上寻找了依存的支点，又向下夯实了落地的基础，不仅有利于促进教师对"核心素养"背景下小学主题课程资源的开发和运用，为教师的专业发展铺路；还能让学生在我校教师基于学生学习需求自主研发的多元课程的学习中，提高综合素养，有利于发展学生的核心素养，为学生终身发展奠定基础。

"向阳花"校本课程体系通过"向阳课堂""向阳学科""向阳社团""向阳节日""向阳礼仪""向阳空间""向阳旅行"七大课程实施途径，提供了多维、多元、多种形式的快乐、自主学习途径，为学生创造了更具个性、更有选择性的发展平台，资源环境与专业内容，使学生的创造力得到充分丰富而又自由的发挥，在学习中获得幸福感。

四、"向阳花"研训，为教师专业成长铺路

不论是哪一个行业，都会出现职业倦怠期。当教师面临职业倦怠期时，最好的办法便是从教育教学中获取需要的成就感与价值感，如来自学生的爱戴、家长的认可，或者同行教师的赞许。发光教育助力教师发"光"。当教师能够发"光"后，学生才能够被照亮，才会"追光而行""向光而学"。"向着光，追逐光，成为光，散发光"是我校每一名教师成长的必经之路，学校努力成就每一位自带光芒的教师。为此，学校形成了"八个一"的"向阳花"研训模式。

一是每月一次教研培训。学校开设教师发展课程，此类课程内容涵盖学科知识培训、教育教学经验交流及教师专项成长定制式的培训内容。专题培训的导师既有校内优秀学科带头人，又有校外专家。培训课程既有一线的教育教学理念和方法的分享，又有专业知识技能和先进理念的习得。例如，三笔字培训，既提高了教师的书法基本功，又提升了教师的书法教学指导能力，部分教师还因此获得了省级、市级奖项。

二是每学期一次专业知识检测。学校每学期对全体教师进行一次专业知识技能检测，内容涵盖学科专业知识、教育学心理学常识、教育法律法规知识、"双减"政策以及新时代教育历史使命的论述等。"学然后知不足"，通过专

业知识检测，促使教师不断发现问题、完善自己、提升自己。

三是每学期一次优课展示。学校构建基于"发光教育"的课堂教学模式，通过"建模""入模""脱模"，让教师的课堂有模可依、有法可循。每学期每名教师都要打磨一节优质公开课，让课堂打上自己的烙印，形成自己的风格，使专业课堂成为"光正名师"的课堂。

四是每月阅读一本专业书籍。阅读让我们不止步于眼前，拥有对诗和远方的期待。学校每天晚上安排一节晚修阅读时间，师生共读，其乐融融。每月举行一次阅读分享会，分享自己的阅读心得体会。

五是每名教师发表一篇论文。学校鼓励每名教师每年发表一篇论文，这篇论文可以发表在校刊"向阳花"论文集上，也可以发表在期刊上或参与省、市级论文评选比赛。

六是每名教师参与一项课题研究。学校倡导每名教师参与一项课题研究，该课题可以是校级课题，也可以是省、市级课题，并聘请专家对教师的课题进行指导。引导教师发现问题、研究问题、解决问题，形成科研成果，促进教师专业化成长。

七是参与惠州市基础教育"头阵计划"培训。学校积极推荐教师参与惠州市基础教育"头阵计划"卓越教师培养项目。目前参训人员有领头人1人，培养对象26人。

八是参与广东省名师、名班主任、名校长工作室研训。学校支持符合条件的教师积极申报广东省名师、名班主任、名校长工作室的研训，目前有5人参与此项研训。通过研训，这些教师的教育教学水平、班级管理能力和治校管理能力得到了明显的提升，现其积极影响正辐射其他教师，使教师达到共同进步、共同提升的目标。

"向阳花"教师研训模式，让每名教师在教育教学或班级管理中，在拼音教学、阅读教学、计算教学、学生自主管理、班级文化建设等某一细分领域都有自己独特见解，成为该领域的专家。

五、"向阳"评价，为社会的进步发展育人

评价在发展学生核心素养、实施素质教育方面能起到指挥和定向的作用。"向阳"评价的有效实施，对教师绩效以及学生综合素养进行科学合理的评价，为我校落实立德树人、为党育人、为国育才的目标起到至关重要的作用。

"向阳"评价基于"为学生终身发展奠基，为教师专业发展铺路"的理念，在充分挖掘师生优势和潜能的基础上，形成四位一体的评价体系，包含教师绩效评价和学生综合素养评价。

为了充分发挥教师绩效评价的激励功能，激发教师积极上进的工作激情和学习动力，促进教师专业水平和管理能力的不断提升，学校制定了教师绩效评价办法。每学期末，学校根据教师课堂常规、教学常规、教学能力、教学业绩、出勤、各类获奖、教科研成果、师德师风等项目进行评价，这些评价项目既包含教学能力和业绩因素，也包含教科研成果和各类获奖的因素。"向阳评价"的有效实施，提升了教师的课堂教学能力和专业素养，对教师的专业成长有促进作用。

为全面贯彻党的教育方针，学校以科学评价为导向，落实立德树人根本任务，"向阳"评价在学生评价方面，紧紧围绕着课程标准和校本课程指导纲要，以八大课程群为载体，形成了促进学生德智体美劳全面发展的"向阳"评价导向，为社会的进步发展育人。

"发光教育"经过几年的实践，获得了本市各级主管部门、教育同行以及学校师生的认同与肯定。"向阳花"校本课程的有效实施，使学生取得了长足的发展，在2022年广东省少年讲书人比赛中有332人次获奖，在2022年惠州市少儿书写大会决赛中有316人次获奖，各类省、市级比赛中获奖师生1000余人次；学校也获得了"全国青少年人工智能活动特色单位""广东省优秀传统文化传承学校（书法项目）""广东省《少年讲书人》优秀组织奖""惠州市优秀艺术教育机构""惠州市小学青年教师教学能力大赛中荣获团体总分一等奖"等。这些初步成绩，更加坚定了我们办"发光教育"信心和决心。发光教育，点亮心灯，让每名教师和学生都能成为光芒闪耀的星星！

《南粤名师》在"治校密码"栏目这样点评：

尹叶锋校长曾在他的论文《让每个人都闪闪发"光"—— 一个校长的教育随想》中提出过这样的问题——在当前学校的教育模式改革的环境下，对于学校而言，应该如何改革，朝着怎样的方向，办什么样的学校，做怎样的教育？其"发光教育"的理念也是基于对以上问题的思考，结合学校实际情况而提出的。惠州市光正小学"发光教育"的成功探索给了我们以下几点启示。

一是顶层设计的思维。源于儒家思想的"光正"内涵，以"让每个人都发光"教育主张作为灵魂统领校园文化，构建起"发光教育"体系和"八个一"

的"向阳花"研训模式，以严密的逻辑框架支撑校园文化，引领师生实现幸福成长。

二是善于发现师生优点。"光"象征梦想、远方、未来。教师善于发现学生的优点，帮助学生发展优势，感受成功与自信，成就幸福未来；学校善于培养和发现教师的优点，让教师在课题研究和重要项目中历练成长，在更大的平台上展示风采。

三是富有激励作用的学生和教师评价系统。客观、合理、全面的评价系统有利于激励学生全面发展，促进教师综合素质的提高。

第 三 章

做有爱的教育

卢建林

世界上最伟大的力量莫过于爱，爱可以感化冰冷的心灵，爱可以凝聚无穷的力量，爱可以战胜所有的困难。我们是教育工作者，需要把爱岗、爱学、爱生放在最重要的位置，才能让教育发挥它的光芒，普照大地。我们还是学生成长路上的领路人，领着他们走向更加美好的明天。我们更是守望者，需要用爱心去倾听每一朵花开的声音，让每一朵花开都阳光灿烂、欣欣向荣。

爱岗敬业

理解爱的教育

人的一生中，总有那么一个人让你敬仰，在敬仰的同时你会试着向他学习，向他靠近，慢慢地，你的身上就会出现他的影子。在我看来，这就是教育教学风格的魅力。

我喜欢在课堂上跟学生聊天，跟学生分享自己的经历，喜欢有微信或者QQ的学生加我的号，跟学生敞开心扉，让学生懂得我是一个真诚的老师，让学生跟我的距离越来越近。

我喜欢在课堂上开怀大笑，也喜欢让每个学生开怀大笑，这就是我的课堂。我追求让每一个学生都能喜欢上我的课，沉醉在我的课堂上，让每个学生从喜欢我开始，从而喜欢我的课。

在日常生活中，不对某些学生过于偏爱，树立每个学生都平等的理念，让每个学生心里清楚，其实老师心中也有我，自然他的心中也会有老师。不放弃任何一个学生，因为每个学生都有出彩的一天，总相信三百六十行，行行出状元。

多站在学生的角度去思考问题；多站在学生的角度去看看黑板或者讲台上的屏幕，或许他在的那个角度就是看不到我们觉得能够看到的字；多站在学生的角度去倾听他们的心声，其实每个学生都有很多话想跟教师分享，只是我们没有提供那样的机会给他们倾诉。

树立"一日为师，终身为师"的理念。对学生的成长过程遇到的任何问题都要及时提供帮助，哪怕他现在已经不是你的学生，但是请你相信，你依旧是他最信赖的那个人。

对孩子的未来要充满期待，哪怕他现在还很懵懂，但是你的支持就是他最大的动力。要相信每个学生有足够的能力去完成自己的目标，因为他也想要一个精彩的未来。

每个孩子都是一个家庭的希望，教师应该跟家长合作，让每一盏希望之火燃烧起来。让祖国的花朵遍地开花，让孩子成为党和国家的栋梁之材。

文明其精神，野蛮其体魄。孩子只有拥有健康的身体才能胜任未来的祖国建设，才能在逆境中迎难而上，才能披荆斩棘、迎风破浪，最终抵达成功的彼岸。

探索爱的教育

记忆中，自己读小学的那一幕幕还在大脑中重演：母亲拉着、拖着我进了教室，母亲接送两三个月我才愿意自己走路上学。那时谁也想不到那个被迫到校的傻小子快速成长为班级的班长，成了学校的大队长，学习成绩一直名列前茅，直到初中以全镇前十名考上了博罗县最好的高中——博罗中学，并通过三年的学习考上广东教育学院（现已更名为广东第二师范学院）。在记忆中，小学、初中甚至高中时我基本上不敢站在讲台上，然而在小学三年级的时候，我在《我的理想》这篇作文中谈及未来时居然是做一名老师，并且当时老师让我们将各自的那篇作文统一放在瓶子里埋在地下，很难想象自己怎么会走上讲台成为一名教师的。转折点应该是大学一年级的时候，班上要竞选班长，当然我不敢竞选，后来有个机会（同学们鼓动），我上台竞选副班长。刚刚开始上去的时候面红耳赤，说话很紧张，但在大学后面的日子里，我不断争取上讲台的机会，不断锻炼自己的胆量、勇气，并在大学三年级的时候，再次竞选班长。这次我毫不犹豫上去发言：通过自己的努力，已经学会了如何做一个班长，我会用自己的行动来证明自己。最后在全班近60位同学中，我的票数是52票，非常荣幸地当选班长。大学毕业前夕，学校举行大学生就业演讲会，在全场毕业生中，我第一个举手上台，后来还有同学问：你那次上台问答效果非常不错，是学校特意安排的吗？在班级毕业前夕，同学们依依惜别之时，大家都在问自己大学收获了什么，其中一个同学不经意间说道：卢建林同学的转变是我们都看得到的，从开始上讲台紧张、拘束，到后来从容自在。确实，大学生活中，我最大的收获莫过于能让自己大胆地站上讲台，从容自在地做自己想做的事、讲自己想讲的话。

学校生活是理想的，现实生活是残酷的。当真正站在讲台，面对着一帮孩子的时候，我的自信被现实打击了。

我加入教师队伍的时间是2009年9月，第一年我被分配到一个村小，每个班二三十人，我担任五年级语文、四年级数学的教师。在我自认为我一个大学毕业生应该能够很好掌控课堂的时候，却发现事实不是这样的，并不是每个学生都能够服从教师的指导；自认为自己上课的讲解可以被学生很好地理解时，而学生并不觉得我的讲解有多么简单；自认为自己的魅力可以让学生动情时，学生可没有把我当回事儿。在经过几番激烈思想斗争后发现：其实，真正的教育来源于生活，多点换位思考问题、多点站在学生的角度去看问题，那么你就知道该如何解决教育教学中遇到的问题了。

小学生是那么天真可爱，我尝试着接触他们的内心，于是我在五年级展开了说说心里话的周记活动，学生通过周记把自己的内心世界告诉我，让我跟他们的距离更近了，我也能够帮学生解决很多的困惑。

而在另一边，我还负责六年级其他课程的教学，当时因为那个班级不是我自己带的班，纪律很难把控，尤其是六年级的几个男同学，精力特别旺盛，我几乎被他们气到流眼泪。我思考了很久：他们究竟要怎样才可以安安静静地听我讲课？我讲的内容他们喜欢吗？我课堂的形式足够吸引他们吗？换作是我来听课，我会认真听讲吗？随着时间的推移，我在不断的学习中得出结论：其实学生并不怕你吼。如果能在学生心目中树立威严的形象，那么就不用那么辛苦去吼了。

调入中心小学之后，我开始进行另一番教育教学模式探讨。先是树立自己良好的形象，然后把自己的课堂打造得有趣，让学生更加喜欢我的课。我尝试着采用"在快乐中学习"的学习方法，带着他们在快乐中学习，在快乐的校园里尽情畅游，让每个学生得到全面的发展。我尽情给予他们足够的表现机会，期末还设立奖励机制，让努力学习的学生看到希望的同时更有奔头。他们喜欢我的课堂，因此我的语文课更加有趣、更有吸引力了，更多学生在语文学习成绩方面都取得了进步。期末检测发现，他们表现都不错，我预设的奖品差点不够。当然也正是因为这样的学习氛围，我的班级学生表现优秀，获得了惠州市优秀少先队中队称号。

2012年，我正式接任横河镇少先队总辅导员。本着让学生全面发展的想法，尤其是出于对农村留守儿童的关怀，在暑假期间，我分别邀请了广东第二师范学院、华南师范大学地理科学、中山大学移动信息科学院等高校的大学生到我校开展"暑期大学生三下乡社会实践活动"，活动既为大学生提供了锻炼的机会，也为我们农村学生增长了见识。作为一名少先队辅导员，我非常重视关注留守儿童的工作，不仅在暑期为留守儿童开展相关的活动，还参加了共青团惠州市委组织的"七彩梦"活动等，让留守儿童不再孤单。越来越多的学生认识了我，在校园里，他们随时都可能围过来跟我聊天、说说心里话，我觉得教师就是要走进孩子的生活，不仅解惑，还要解忧。

虽然现在担任副校长负责校本部全面工作，但是我坚守自己的语文课堂，坚持用自己有趣的课堂去吸引更多的学生，哪怕他们开始时会认为校长上课总是那么严肃，慢慢地，他们习惯了我的课堂后也就显得更为轻松快乐了，也就更加愿意上我的课了。

其实语文课本来就体现了人文性和工具性的统一，这种统一不仅表现在语文知识的学习上，也表现在对知识内容进行适当的拓展延伸上，而书本的知识六年级的学生基本上可以看得懂，往往学生想知道更多的就是他们看不懂或者不知道的内容，那些才是弥足珍贵的东西，也是语文课最吸引他们的地方。所以，在我的课堂上，我总会提出一些拓展问题，由全班同学一起来完成，再由同学进行相互点评，有错的当堂改正，没错的给予表扬。课堂上针对同学们的回答我给予最多的答复就是：站起来就是勇气，回答出来就是知识，不管答对与答错，对于我们来说都是成功。孩子的成长不能仅限于知识的充实，更需要能力的培养，毕竟未来，他们并不是仅靠大脑的那点知识就能在社会上立足的。

在任职副校长期间，我主要负责校本部全面工作，我坚持"立德树人"根本任务，全面培养社会主义合格建设者和接班人，并结合自己的教育教学理念思想来做，尤其重视孩子的全面发展。

学校的德育工作一直都被我摆在学校工作首位。每个学生都应该在学校生活享受德育教育带来的乐趣，学校对各个方面表现优秀的学生都会进行全校性的表彰。比如，对卫生管理方面做得好的学生颁发一个卫生小卫士的校长特别奖，对于劳动积极的同学也是如此。在主题班会中，我们会要求各班在关键的时间节点进行相应的主题教育，比如国庆节要针对国家的历史进行宣讲，展示出中国共产党领导下国家的发展蒸蒸日上，激发学生热爱祖国的情怀、报效祖国的决心。

在学校中，教育教学是主责主业。我们重视学校的教学质量提升，推动主任挂钩年级组，落实年级科组集体备课制度，对教学成绩优秀的教师及时给予表扬，结合镇委镇政府的教学奖励、县绩效奖励，教师的工作积极性大大提高。

在教育之外，我们在体育、美育等方面也大力推进。积极推动体育运动，增设大课间，增加孩子课外运动时间，因特殊情况不能按时出操的班级要先提出申请；对于以赶课、测试为理由占用学生课外活动时间的班级进行一对一的谈话，每学期开展一次学生运动会，形式多样，春季学期可以是校级篮球赛、乒乓球等，秋季学期可以是田径、趣味等运动会，让孩子的体能发展和独特个性得到尽情展示。

我们对美术科组提出要求：凡是节假日都要有对应的手抄报或者绘画作品对假日或节日加以呈现，把学生的动手能力和审美能力激发出来，是对学生的一种尊重。对他们的作品要公布出来，通过微信公众号等形式让学生能够看到自己的作品，若能将他们的优秀作品表框上墙则更加完美了。对于优秀学生我们会积极地进行表彰，在全体师生面前进行颁奖对学生来说是一次荣誉的洗礼。

音乐科组也在进行拓展，农村学校本来就欠缺的资源更需要我的大力打造。通过对个别有兴趣的学生进行舞蹈艺术的培训，或对他们进行合唱培养，甚至开展以点带面的器乐学习，先通过小范围的施展再逐步展开，把音乐的教育从城市带到山区着实不易。但是我们坚信，美妙的音乐和舞姿是每个人都会追求的。

在整个教育教学历程的探索中，离不开各级教育部门给予的培训和学习的机会，在不断的学习中，我形成了更加丰富有效的理论学习基础，奠定了教育教学理念。

爱学乐教

路漫漫其修远兮，吾将上下而求索

——班主任工作自评

本人卢建林，1987年3月出生，2010年9月担任班主任以来，思想态度端正，工作任劳任怨，积极学习理论知识，班级管理井然有序，班风学风良好，深受学生的喜爱。

一、政治思想

在政治思想方面，能坚持学习，努力提高自身的思想政治素质，学习《教育法》《教师法》，按照《中小学教师职业道德规范》严格要求自己，遵守社会公德。把忠诚于人民的教育事业看成最高美德，时时激励自我，工作上勤勤恳恳、兢兢业业、服从领导，对应完成的任务不打折扣，并用"学为人师，行为世范"的要求来约束自己，做家长认可、学生喜欢、学校放心的"三满意"教师。我经常进行自我反省，时时处处对自己严格要求，查找不足，努力成为一名好教师。

二、班主任工作

1. 热爱班主任工作岗位

在班主任岗位上我深刻认识到班主任是班级的直接组织者、教育者和领导者，是学生健康成长的领路人，是联系班级与各任课教师的纽带，是沟通学校、家庭和社会的桥梁。可以说，班主任是班级的灵魂，班主任是学校中的一种特殊岗位，它具有自身的特点，一个班级的学生面貌，很大程度上取决于班主任的工作态度、教育方法、组织管理能力以及班主任以身作则的表率。班主任的工作质量，直接关系到教育方针和学校培养目标的落实。班主任工作的质量，直接关系到本班学生的思想道德、文化科学、劳动技能、身体心理素质的全方面和谐发展，关系到学生的个性和特长的充分培育，为此，作为一个班级的主要负责人，班主任更应该认识到自己的历史使命。

2. 热爱学生、尊重学生

热爱学生、尊重学生是教师最基本的素养。一个教师只有热爱学生，才会依法执教，无微不至地关心学生的健康成长；才会爱岗敬业、乐于奉献、竭尽全力地去教育学生；才会自觉自愿地约束自己，规范自己的言行，更好地为人师表、廉洁从教。我国现代教育家夏丏尊说："教育之没有情感，没有爱，如同池塘没有水一样，没有水，就不能称其为池塘，没有爱就没有教育。"教师面对的不是冷冰冰的产品，而是一个个有着鲜活生命、正在茁壮成长的孩子。如果说智慧要靠智慧来铸就，那么爱要靠爱心来成就。热爱一个学生就等于塑造一个学生，而厌弃一个学生无异于毁掉一个学生。苏联著名教育学家苏霍姆林斯基就曾花费10年，将一名有偷窃习惯的学生培养成一名成功的农庄主席。每一个学生都渴望得到老师的爱，尤其是那些家庭有过特殊变故的学生，容易形成特殊性格，这就要求教师对学生真诚相待、热情鼓励、耐心帮助，用爱的温情去融化他们"心中的坚冰"，让他们在愉快的情感体验中接受教育。虽然教师无法像太阳一样，将自己的光辉洒遍世界的每个角落，却可以像母鸡爱护小鸡一样，关爱自己的每一个学生。

三、未来规划

1. 不断学习

坚持"五育并举，德育为首"的原则，教师要坚持以德育人。教育思想、教育观点对教育事业的发展至关重要，正确的教育能够造就人才，错误的教育思想则会摧残人才。教师的政治取向、道德素质、教育观、世界观、人生观对学生起直接影响作用。

知识就是力量，知识就是财富。我们不能固守原有的那点知识而企望它管用一生。注意收集专业发展的新动向、新信息，不断更新知识，以适应新时期的要求和学生学习的需求，无疑是当代班主任教师一项富有挑战性的目标和任务。

21世纪，我们要用发展的眼光看世界，崇尚学习我们才不会落后。迎接知识挑战，不懂就学，不懂就补，学习是我们提高自身政治思想素质、更新专业知识的最好途径。只有不断学习，我们才能不断进步。

2. 加强师德修养，提升自己的人格魅力

班主任最根本的教育理念、最重要的教育品质就是能够为学生提供精神关怀，这也是师德的核心内容之一。苏联著名教育家马卡连柯说过："爱是教育的基础，没有爱就没有教育。"为了提升师德修养，一是要更新观念，建立民主平等的师生关系，促进师生之间情感的交流；二是要了解学生，做学生的朋友；三是信任学生，充分尊重学生的人格。

3. 注重理论与实践的有机结合，努力做好教育教学工作

积极参与教育教学改革的探索，不断提高教育教学质量，使学生把学习当作需要，在愉快的情绪下学习。加强德育工作，使学生在不知不觉中提升道德修养，培养学生健康的道德品质。

"路漫漫其修远兮，吾将上下而求索"，我将以更大的热情投入工作中，为教育教学工作的进一步提升做出应有的贡献。

明确方向，奋力前行

——"名班主任培养对象"培训心得

我非常荣幸地参加了惠州市博罗县教育系统"三名工程"培养对象培训班，开班前，我对这个培训充满了期待和向往，感觉挺带劲儿！而后，经过3天的学习，我最深刻的感触就是前途满是机遇和挑战。

首先，杨锦宾校长主讲的题目是"名教师专业成长规划"，从不同方面介绍了成为一名名师、名班主任、名校长最基本的要求。他同时还启发了我们需要做好自己的三年成长规划，为接下来的学习生活明确方向。这让我深刻地体会到教师"抬头要有底气，低头要有勇气"的深刻含义。未来的发展是可预见的，国家针对教师职称改革，提出了中小学职称统一，小学教师也可以被评为副高级，甚至是正高级教师；但是挑战也是有的，毕竟想要更高一级的教师并不是一蹴而就的。

其次，是来自广州的张惠平老师的讲座——"技术支持的小课题研究"。她把来自广州的优秀小课题研究经验充分地展示出来。说句实在话，彼时对于课题研究我真是一点不懂，因为我此前还从来没有参加过任何的课题研究，更别说是主持课题了，这次的学习让我了解了课题特别是小课题研究的方法和大概的思路。

再次，张老师又以"走进课堂做研究——课堂观察技术"为题给我们上了一课。课堂观察技术也深有学问，农村教师根本无法想象的角度已经被他们研究出来并且成为一门学问。在张老师的讲课中，不断会提供一些练习、问卷等，这些练习和问卷直接利用微信扫描马上可以做，只要提交立马可以出结果，充分利用现代教育技术，我不得不感叹我们平时用来聊天、发红包的微信居然被他们运用得如此精通，啥时候我们才能跟上步伐，是不是我们即将被淘汰？

最后，徐俏老师给我们讲述了"遇见最美的自己"，告诉我们如何把自己打造成为一个真正的教育者。

"一个教育者越是能深入学生的心灵世界，就越能实现他的教育价值。"

"明确的时间、明确可实现的任务能实现学习、工作、生活的最高效率。"

"教育是点亮人的事业，要点亮学生就必须先点亮教师。"

……

一系列的话语，让我的心灵一次次受到冲击、一次次受到洗涤，让我如沐春风、如饮甘泉。

我们是名班主任培养对象，我们需要从一个个优秀教师身上学到更多的东西，我们需要站在一个个巨人的肩膀上审视我们的教育，重新定位我们教育的方向，以激发我们明确方向、奋力前行！

以德促教，立基业

—— "名班主任培养对象"培训班有效德育与班会课观摩有感

　　德育工作任重道远，不能坚持就没有成效。要想学生走得远、走得踏实、走得高，我们还需要更多的努力。

　　农村学校德育工作现状不尽如人意。不说德育工作如何开展，更别说德育课、班会课怎么上，除了语文、数学、英语等有较为系统的教学外，其他的学科基本没有课时。学生没有了该有的活力，失去应有的童真，校园变得死气沉沉。试问，这样的学生，除了学习还会什么？他们的思想怎样？价值观如何？人生定位是否清晰？我试图寻找更好的解决办法，但是在教学成绩的压力下，我退缩了，不敢更新想法。德育工作是教学工作的催化剂，可以促进学生学习的积极性，有效提升教学工作质量，更好地为教学服务。

　　《我以匠心事主业——心德育原理与走心德育策略及心匠的专业情怀》《成长》《心怀梦想，走好人生的每一步》《"十招"打造迷人微班会》《一节优秀班会课是如何炼成的》和 *Just Do It*，这一系列论文和研究成果显示出当专家、教授都在为德育班会各显神通时，我们还在为班上的"小魔头"绞尽脑汁，还在为班上打架现象而烦恼，还在为家长投诉、社会不满而发愁，我们是否想过，我们的主题班会形同虚设？

　　要想有更好的班级学习氛围、更好的班级团队、更好的社会影响力，必须提升德育班会课的质量，让德育社会课更专业、更系统，更能培养出品德优秀、心理健康的学生。

　　一个人有梦想，他就时刻拥有前进的动力。

　　一个人意志坚强，任何人都无法阻止他前进的步伐。

　　一个人心存感恩，他的心里才能时刻想着感谢他人、感恩父母、回馈社会。

　　一个人积极向上，他才会心理阳光，在困难面前无所畏惧。

一个人集体观念很强，那他走到哪里都能为班级、为学校着想。

……

思想品德优秀、心理健康的学生，才能积极奋进、努力学习，才能使教学质量稳步上升。

三尺讲台系国运，一生秉烛铸民魂

——横河镇庆祝2019年教师节教师代表发言稿

尊敬的各位领导、各位前辈、各位老师：

大家好，今天是我们全体教师的节日，大家节日快乐！非常荣幸今天能够作为教师代表在这里发言，首先感谢横河镇党委和政府给予大家欢聚一堂的机会，再次感谢各位校长、前辈的辛勤教导，让我能够得到如今的成长，最后感谢横河这片土地对我的滋养！

"经师易得，人师难求。"习近平总书记说："一个人遇到好老师是人生的幸运，一个学校拥有好老师是学校的光荣，一个民族源源不断涌现出一批又一批好老师则是民族的希望。"我们要努力争做有理想信念、有道德情操、有扎实知识、有仁爱之心的好老师，争做令学生满意、家长满意、社会满意的好老师！

百年大计，教育为本；教育大计，教师为本。教师是立校之本、兴校之源，承担着让每个孩子健康成长、办好人民满意教育的重任。让我们共同努力，为培养社会主义事业的建设者和接班人、为培养更多优秀的横河子弟做出更大贡献。

学为人师，行为世范。我们要做学生健康成长的指导者和引路人；牢固树立终身学习理念，加强学习，拓宽视野，更新知识，不断提高业务能力和教育教学质量，努力成为业务精湛、学生喜爱的高素质教师。

居安思危，任重而道远。建设社会主义现代化强国，对我们教师队伍建设提出了新的要求，我们需要不断提升自我，让我们在学生面前、家长面前、社会面前站得住脚、挺得直腰、抬得起头，问心无愧！

"三寸粉笔，三尺讲台系国运；一颗丹心，一生秉烛铸民魂。"各位老师，我们初心不变，心中有担当，肩上方能有责任，为我们共同的大横河教育事业贡献我们的青春和力量吧！

最后，衷心祝愿各位领导、前辈、老师，身体健康、家庭幸福、工作顺利！谢谢大家！

关于农村学校特色教育的思考

——校长任职资格班培训心得

2020年11月17日至21日，博罗县第八期小学校长任职资格培训班在博罗县教师发展中心开展第二次面授，在11月18日上午，来自广州的伍周旋校长作题为"基于灯谜传统文化传承的学校特色发展之路"的专题讲座，下午参观了我们博罗县罗阳第五小学以及启正学校。在这个过程中，我对于农村学校的特色教育思考良多。

农村学校跟城市学校不一样，跟城市周边的学校也不一样，学生的接触面、家长的认知程度、社会对教育的意识等方面的差异，致使哪怕在教育投入方面是均衡的，各类型学校在师资的配备上也将是有所区别的。

目前来看，农村学校学生对特色这一概念认知较少。教师并不知道让学生除了学习语文、数学、英语外还可以学习其他的东西，不管在心理上还是意识上都没有要接受新鲜事物的想法，所以很多的学生也没有太大的学习兴趣，所以农村学校就打造特色学校一事存在一定的难度。

农村学校学生家长的认知程度不同，他们有的想着孩子能够把语文、数学学好已经不错了，花时间去学习其他的课程根本就是浪费时间。况且，很多的农村家庭孩子的父母外出务工，在家的爷爷奶奶能够保证孩子的平安成长已经实属不易，更别说让孩子得到其他的发展。同时，很多家长对学校开展的各类活动存有抵触心理，认为学校开展活动的目的只是给外面的机构做宣传等。在思想上跟不上，行动上也就落后了。

农村学校的教育意识也存在一定的滞后，很多有一技之长的退休教师，退休后都忙着自己的事情，很少有人愿意跟着学校继续从事教育工作。此外，一所学校想要统筹区域内所有的资源也是不太现实的，所以我们在整合资源方面还需要更多的努力。

就以上存在问题来看，农村学校要发展特色教育首先要明确方向，而不能跟城市学校的特色发展相同。

农村学校的特色发展需要结合自身的实际情况，既然扎根于农村，就要有农村的特色，发展城市学校没有发展的路子。比如，我们农村学校可以结合稻田、土地，把农村独有的稻田特色打造成为一项劳动特色教育。

农村学校的特色发展需要改变学生、家长的观念，把分数论的观点加以改造，使家长认同综合素质提升的教育观念，坚持以学生长远发展为最终目标，使德智体美劳五育并举的思想深入每个学生、家长的心中。

农村学校特色教育需要整合多方面的资源优势，所以多个部门要共同合作。比如，如果我们横河中心小学要发展以"扎灯"为特色的教育项目，那么就得邀请博罗县非物质文化遗产继承人徐老出马才可以将这件事落实到位，如果想要邀请这位横河名人出马，如果只是学校出面估计请不动，而如果政府出马这件事就有更大的胜算了。所以在农村力争办好特色教育时不仅要考虑需求，还要考虑人才的邀请问题。

农村特色教育必须持之以恒，做到常态化落实才能发挥它的真正作用。作为一项教育工程，农村特色教育也不是今天摆拍几张照片，后天做点材料就可以实现的，重要的是要持之以恒，把这项工作作为常态化工作落实好，特色教育的真正作用才能发挥出来，学生、家长才能从中获益。

农村的特色教育要有更多的倾向。从整体上看，农村特色教育所能够辐射的人群主要还是孩子，更确切来说是一个特定片区的孩子，如果倾向于这个学校，另一个学校也想有，该怎么办呢？每个学校的特色主题肯定不能相同，否则就难以称其为"特色"，我们需要多方面挖掘，精准把握每个学校的办学环境、特点、优势等，决策好学校办学的特色要求和方向，才可以做好特色。特色并不是简单的复制粘贴过程，适合别人的东西未必也适合自己，所以还是要慎重决策。

综合以上观点，发展农村特色教育的道路比较漫长，想要将其真正实现需要多方面的协调，需要教育工作者更多的付出，也需要更多的思考。

成为校长

——听惠州市教育局局长袁清山讲座体会

2021年10月11日，在惠州市中青年干部培训班开班后，惠州市教育局局长袁清山同志作题为"成为校长"的主题讲座，他的讲座让人印象深刻。

首先，讲座非常全面地总结了往期中青班讲课内容，认为"持正心、走正道、干正事、扬正气"是我们校长要做好的事，而且不仅校长要做好，还要带领全校师生都能够这样做，那么我们的教育就有意义了。针对个人，他还提到，我们要修心、修身、修学、修业。确实，要想成为一名好校长，不仅需要良好的理论知识，更需要良好的管理、协调、观察等方面的能力，从而以更加强大的自己去把握更好的未来，去实现更加美好的明天。

其次，袁清山同志提出，他成为校长的理由：一是个人价值的体现。教师的梦想追求，要么是努力成为名师名家，要么是成为优秀的管理者。确实，对我们教师来说，需要做好的事就是这样。二是教师职责。我们都说坚持"立德树人"的根本任务，在我们的概念里面，教师个人影响的范围相对较小，而如果成为校长，那么我们影响的范围就相对更大。三是党员使命。中国共产党党员要全心全意为人民服务，我们的教育工作也就是为人民服务的，不管是党章、党规还是教师自身的行为规范都要求我们，只要是组织需要，就应坚决服从组织安排。

最后，袁清山同志告诉大家，要想成为一名好校长，必须做到以下几点：心中有梦想、身上有功夫、手头有办法、脚下有行动、胸中有格局。不管在怎样的环境里，我们都要清楚自己未来的规划，明白自己领导的学校要追求什么；而要想落实自己追求的目标就必须把握住全局、管理好自己的团队，身上没有功夫不行、手头没有办法也不行。当然，作为校长不能只说不做，也不可纸上谈兵，需要迈出脚步，方可踏上征程。

榜样的力量

——听裘志坚校长"新时代提升学校品质和核心竞争力的策略"讲座体会

2021年10月13日上午，来自广州市第五中学的校长、中学正高级教师裘志坚作了题为"新时代提升学校品质和核心竞争力的策略"的专题讲座。

裘校长从自身一线校长的经历，给我们分享了他传奇般的人生，讲述了他如何在困难面前一次次转变了整个学校的命运。

我们要明确国家教育改革的方向。比如，目前我们所要面对的就是教育现代化、教育强国；而目前来看，全国各省都相应出台了义务教育高质量发展行动方案。再如，当前重要议题"双减"政策来自中共中央国务院，可以想象它的战略高度。

目前，我国对于以学习者为中心的学习方式很多：轻松学习、自主学习、合作学习、探究学习，等等，这些学习方式随着技术进步而不断变化。混合学习、翻转课堂、个性化学习、智慧课堂、AI时代学习等都在不断演化，而面对学生生活富足、学习自主性和权益保护等因素，学校要有积极的回应。首先要继续落实师德师风新要求，目前全国都在进行师德师风建设，明确要求教师不得滑出教师底线，让教师明确自己身上的责任和义务，更好地为教育服务；其次我们要把教育做到扎根中国、融通中外和创新教育，我们的教育自始至终是我们中国人自己的教育，培养的人是我们国家将来的建设者和接班人，他们需要为社会主义服务，所以我们的教育必须扎根中国实际，结合我国国情。我们还要自觉转变角色，积极承担新的责任；教师队伍中，应该要重建教师权威，通过对教师的激励、支持、指导和帮助，让教师在岗位上拥有更大的责任感、幸福感。

而对于学校，裘校长给我们提了几个问题：如何看待学校发展？学校为谁发展？如何实现学校发展？在学校发展中，是教师第一位还是学生第一位？此类问题，引发了大家的思考。确实，我们应该认识到：教育是什么，学校是什么，学生是什么。我们应该有对美好事物的欲求，激活积极的心态，让学生学有所得，有所期待，每天生活在对某种更高事物的希望、欲求和期待之中。

同为师者，致敬天堂山

——广东省刘玲芳名校长工作室研修心得

天堂山，一个富有诗意的名字，让我充满向往。满怀期待，我们工作室进行了第四期的研修，此次研修其中一个环节是到天堂山学校送教。

导航开始，我认为只有20多分钟的车程，应该跟去城里不会太远。随着山路崎岖，一路颠簸，我的心中不禁充满疑惑：这确定是通往学校的路吗？一路上，除了能看到来来往往的大卡车，似乎很少见到村落和行人。而此时通往天堂山的路刚好在翻修，让我更加对学校的存在表示怀疑。

20多分钟的路程大部分在摇晃中度过，虽然我也在山区小学任教，但是对比下来，这样的路况还是令我忐忑。来到校门口，我们皆不敢相信这里的学校还在正常运作，因为刚好是上课时间，看不到人，保安也不在，校门给人的感觉这所学校未招生，那种走错路的感觉再次升起。随着电话的拨通，保安过来了，校长过来了，我们才确定这是我们今天送教的地方——天堂山学校。刚刚的误会一扫而光，因为这不仅是一所学校，还是一所九年一贯制的学校，哪怕七年级到九年级人数不多，但确实还是有的。在校长办公室坐下后，首先映入眼帘的是两块由龙门县人民政府颁发的教学质量优秀奖的牌匾。我不由得提醒自己，别小看这所学校，它的教学质量是优秀的！

随后，由龙城三小的教师给学校带了语文、数学各一节课例，我有幸参加了语文课的旁听。作为语文教师的我，被课堂上四年级学生的那种天真、可爱吸引住了；他们随着教师的节奏、有条不紊地进行着自己的学习。

课后，我们进行了评课等相关活动。各位教师积极发言，把自己认为可行的改进方案或者存在的问题一一进行了交流，交流中我们发现，天堂山的各位教师都是很积极上进的，特别是叶校长，面对着师资队伍的紧缺，面对学校办学资源的匮乏等问题，他能够把这一切理顺，并取得不错的成果。叶校长提到的一个观点：某个成绩特别差的学生，大老远见到老师就会大声打招呼；让他帮忙做点事，他总是非常乐意的。这样的学生，你让我评价他为差生，我是做不到的，至少他不是所有项目都差。这句话让我反思很久，确实，在我们教育教学中，遇到这样的学生是在所难免的，问题是我们应该怎么去看待这类学生。自己作为教师也知道，曾经也有这样的学生，但是他们现在出来社会也不见得发展得很差，还对教师恭恭敬敬的，特别尊重教师。我自己的学生唐××就是其中一个很典型的案例：他的在校成绩确实不佳，但是现在毕业后他凭着自己的积极主动、任劳任怨，同样取得了不错的发展。我们看待任何一个孩子都要全面评价，而不应仅仅从孩子的学业成绩去判断他的未来，我们也没有资格把孩子一生的命运定格在自己手上。

后来，我们各自根据自己的实际情况分享了自己的做法，我根据自己的实际经验，就叶校提出的对学校优秀生的培养问题谈了自己的做法。我在自己学校是这样做的：针对成绩较好的同学，特别设立一个专属奖项，现在改名为学习之星。期末评估的时候，平均分达到目标才可以参加该奖项的评选，如五六年级的平均分就要达到96分，才可以取得此项荣誉，而这项荣誉必须由校长本人亲自颁奖。也不知道是运气还是学生受到鼓舞，试行后的效果：2021年春季学期，六年级毕业考试整个镇总分前20名的学生全部是我校学生，前50名中有41个来自我们学校。根据2022年我校实际情况，我要再推一把，确定语文能够达到98分或以上可以评为语文之星，数学、英语满分获得者可以得数学之星，此奖也是校长特别奖。学生包括我们自己都是这样——有的时候是需要一种荣誉感、获得感，在满足了一个基本条件后，要有更高的追求和目标，他才会继续努力加油去完成、去实现。

致敬天堂山学校，希望你跟孩子们有一个美好的未来！让我们山区的孩子用知识改变自己的命运！

尽心尽责育人

作为新时代的人民教师，我们该如何践行自己的教育初心？"七一勋章"获得者，丽江华坪女子高级中学书记、校长张桂梅给了我们答案。她说："我们在学生心中深埋一颗颗红色的种子，帮她们系好人生第一粒扣子，引着她们做共产主义事业的接班人。"

曾经有一则公益广告："我是谁？我是怎样的人？也许你从来没有想过。我是离开最晚的那一个，我是开工最早的那一个，我是想到自己最少的那一个，我是坚守到最后的那一个，我是行动最快的那一个，我是牵挂大家最多的那一个。我是中国共产党，始终和你在一起。"听着听着，我的眼泪不禁在眼角打转，正因为我们都是中国共产党党员，所以我们都为同一个目标在努力着，那就是为人民服务。

正是因为坚守自己的初心使命，从教12年来，我每天坚持在学生到校前到校，每天坚持以最饱满的热情出现在学生面前，努力让每一个学生喜欢我的课，争取让每个学生满意、让每个家庭满意、让社会满意，从而实现自己为人师表的工作目标，实现自己德高为范的榜样效应，让更多的学生感恩党、感恩祖国、感恩社会。

学生中有不少因为各种挫折而出现自暴自弃、无心向学的情况，本着对学生负责的态度，我关心每一个学生的成长。温××因为家庭变故，打架、暴力现象不断，我根据实际情况展开家访，了解到具体情况后慢慢化解其心中怨恨，逐步引导他走出心理障碍，回归正常的学习生活。上中学后，该生有一次专门联系我，通过微信发了一张奖状图片配上一句话："老师，如果没有你就没有现在的我。"刚刚踏上中学七年级的黄××，由于不习惯住宿条件以及住宿生活，第一周周末回到家像变了个人似的，他妈妈急得赶紧联系到我，说："你是他最信任的老师，只有你说的话他才会相信的，麻烦老师过来跟他沟通一下，我真担心他会自暴自弃下去，那该怎么办？"确实，曾经一个积极向上的孩子，成绩等各方面都表现不错，为什么这次改变这么大？于是，趁周末休息的时间，我驱车从县城出发，来到他家里，此时，他还躺在床上，听说我来，眼睛马上就湿润了，他知道，我可以解决他当前的问题。于是，我把他内心的焦虑以及问题逐个解决，最后帮他树立一个中考的目标，让他明白：遇到困难唯有往前冲才是正确的选择，退缩只能让自己失败。慢慢地，他的精气神恢复了，临走时他还给了我来一个深情的拥抱。相信他未来的路是光明的，前程是辉煌的。

百年辉煌初心不变，千秋伟业勇担使命！努力为社会主义事业培养合格的建设者和接班人是我们共同的目标，坚持"立德树人"的育人根本任务，落实新时代中国特色社会主义办学理念，努力争做"四有好老师""四个引路人"，为把我国建设成为社会主义现代化强国而努力奋斗！为我们中华民族伟大复兴之千秋伟业贡献自己的绵薄之力！

在伟大新时代，走好育人新征程

——2021年博罗县中小学校长研修班心得体会

2021年11月25日至27日，博罗县组织全县中小学校长、中心小学校本部副校长开展为期三天的封闭式培训，其主题就是在目前形势下，全县各中小学如何提高教育教学质量。培训期间，我备感肩上担负着重担，却又觉得此重担是为党育人、为国育才而备感欣慰。培训间，我遇见了很多优秀的校长，对刚刚上任两年的年轻人来说，跟着这群经验丰富、久经考验的校长一起学习，我的心中充满冲劲，决心走好为党育人、为国育才的新征程！

作为校长，只有把自己肩上的责任担好了，才能成就一个好的学校；只有履行了自己的职责，我们的学校才会变得更好。同样的道理，我们每一名教师把自己的本职工作做好了，我们才能用自己的行动去改变千千万的人。我们把每一个学生教育好，就相当于把千千万的人心教育好了。

那句"担当使命，确立高质量发展的目标"，还有那句"增强使命感，坚守教育初心"还在心中萦绕。这是惠州市教育科学研究院易正新院长在授课中提到的，在我心中充满激情的一段话：作为校长，我们治理学校的源动力要明确，我们每一名教师的内驱力需要激发出来，我们对自己工作要充满责任感、使命感、危机感。我们应该知道，教育是在不断进步的，教育是需要高质量的。我们需要把良好的教育氛围树立起来，找准自己的差距、不足，充分调动学生学习的主动性，让每个学生都有理想、有追求。

"双减"背景下，学生课业负担减少、家长校外辅导压力减少，这是实现教育公平的基本手段。倘若所有孩子都参加课外辅导机构，会有多少家庭失去欢声笑语，又有多少家庭的亲子陪伴会变成在辅导机构的陪读，更有甚者，周末的辅导班比平日上学更加累人。每一个孩子都是国家的未来，我们要共同呵护他们的成长，用"立德树人"去实现每个孩子的发展，让每个孩子都能实现自己现在的憧憬以及未来的梦想。

"双减"政策之下，我们很多学校确实担心教学质量的下降，家长也非常担忧这样的问题：孩子回家本来就不想做作业，现在回家更有理由不做作业了。尤其对于乡村学校，孩子在平日的学习生活中本来就不存在过多的课业负担，也没有所谓课外辅导机构存在，有的仅仅是课后托管而已，所以家长反馈，现在孩子放学后更加放纵。我在想，既然我们都能够发现问题，那么我们就可以有针对性地解决问题；对于孩子的全面发展来说，孩子更需要获得其他方面的发展。比如，回家完成一件家务，回家做一项体育活动，回家读一篇课文或者课外书，回家完成一篇小故事的收集等，这些都是孩子学习的另一种方式，虽然它不是直接反馈在书面上，但确实对孩子的发展是有很大帮助的。我们不要限于自己对"作业"二字的错误理解，而更应该把握当前形势，思考如何才能实现教学质量不减，保证教育教学朝着党和国家的教育方针持续迈进。

通过此次学习，接下来我要将以下几个方面作为抓手：

从育分走向育人；

从知识走向素养；

从教学走向教研；

从单一走向综合；

从学校走向社会。

而我更要把自己的教育水平提升到一个新的高度，特别是对于学校的未来规划，对于学校育人文化的打造、学校课程的打造，如何引领教师的专业发展，如何优化内部管理和调适外部环境等问题要通过自己的努力，让学校的师生的生活水平有所提高。

未来是孩子们的，作为教育工作者、一名校长要给学生一个美好的憧憬，在伟大的新时代，我们必须走做好育人新征程。

重任上肩，培育新人

——2021年惠州市教育系统中青年干部培训班心得体会

2021年10月11日至15日，2021年惠州市教育系统中青年干部培训班在惠州学院继续教育学院举办。这次培训的对象是来自惠州各地的精英教师，面对全市的教育精英，我备感压力，因为我们学校是一所乡镇中心小学，在市直、县直学校面前基本上是没有发言权的。但是我心中明白，参与了此次培训，意味着重任上肩，要更好地为国家培育新一代社会主义建设者和接班人。在党的坚强领导下，全面贯彻党的教育方针，坚持马克思主义指导地位，坚持中国特色社会主义教育发展道路，坚持社会主义办学方向，立足基本国情，遵循教育规律，坚持改革创新，以凝聚人心、完善人格、开发人力、培育人才、造福人民为工作目标，加快推进教育现代化、建设教育强国、办好人民满意的教育。

长期以来，广大教师教书育人，呕心沥血，默默奉献，为国家发展和民族振兴做出了重大贡献。教师是人类灵魂的工程师，是人类文明的传承者，承载着传播知识、传播思想、传播真理、塑造灵魂、塑造生命、塑造新人的时代重任。全党全社会要弘扬尊师重教的社会风尚，努力提高教师政治地位、社会地位、职业地位，让广大教师享有应有的社会声望，在教书育人岗位上为党和人民事业做出新的更大的贡献。

教师，"学高为师德高为范""行为世范为人师表"，一直以来被世人冠以很高的社会地位。教师务必贯彻党的教育方针，只有这样我们的教育才能走在正确的路线，教师务必忠诚于国家、忠诚于党的教育事业，不管在思想上还是行动上必须跟党的路线方针保持高度一致，维护中国共产党的权威，坚信中国特色社会主义制度的优越性，也唯有这样，我们的国家、我们的人民、我们的社会才会有更好的发展。事实也证明如此，我们可以很清楚地看到，中国共产党领导的中国人民是如何从"站起来"到"富起来"再到"强起来"的。教师唯有贯彻党的教育方针，才能在语言上、行动上突出爱党、爱国情怀，才能让我们的接班人从小耳濡目染受到这样的熏陶，让我们的爱党、爱国情怀深入每一个社会主义接班人的内心。

但是，反思一下自我，我们的知识够吗？我们的思想跟得上吗？我们掌握的真理达到标准了吗？我们可以塑造灵魂吗？我们能够塑造生命吗？我们有资格谈塑造新人吗？真的，我们需要有更多的知识，这就要求我们需要不断地充实自己的理论知识；我们更多的思想引领，这就要求我们有更高的思想觉悟；我们需要更多的真理指导，这就需要我们把握更多的真理在手上。塑造灵魂，说起来简单，但是在实践中我们要呕心沥血才能做到；塑造生命谈何容易，但是为了我们的下一代我们要敢当这样的塑造者；塑造新人是时代重任，我们务必为此而奋斗终生！

对于我们全体教师而言，习近平总书记提出的"培养什么人，是教育的首要问题"是至关重要的。我国是中国共产党领导的社会主义国家，这就决定了我们的教育必须把培养社会主义建设者和接班人作为根本任务，培养一代又一代拥护中国共产党领导和我国社会主义制度、立志为中国特色社会主义奋斗终生的有用人才。这是我国教育工作的根本任务，也是教育现代化的方向目标。

我们首先要明确我们的教育目的是什么才能有我们的教育方向，只要我们的方向是对的，我们的教育才有成功的可能。

我们既然已经明确了根本任务，相信该怎么做，各位教育者心中应当有最基本的理念了。我们每一个教育工作者，要在坚定理想信念上下功夫，要在加强品德修养上下功夫，要在增长知识见识上下功夫，要在培养奋斗精神上下功夫，要在增强综合素质上下功夫。在学校层面来说，我们应该要在加强学生的体育锻炼，增强学生体质、健全人格、锤炼意志；要加强学生美育教育，提高学生审美和人文素养；还要加强学生的劳动教育，引导学生参与劳动，懂得劳动最光荣、劳动最崇高、劳动最伟大、劳动最美丽的道理。

通过此次培训，我深刻意识到作为学校负责人，每个人都身负重任，我们要带领整个团队培育更多新时代所需要的合格建设者和可靠接班人。

爱生如子

爱生的情怀

2020年，我带了三年的学生在9月上了中学。其中一位叫黄××的学生家长在开学后第二周发来了信息："卢老师，孩子上中学这段时间回家后魂不守舍，早上睡觉不想起床，吃饭也叫不起来，真是让人担心。"

该同学是我从四年级带的孩子，说起来有很深刻的印象。记得四年级刚刚接手的时候，孩子写字虽然认真但是完全没有笔画、没有字的样子；学习上虽然认真但是成绩总是不甚理想。看在眼里的我一直在想，上课那么认真的孩子成绩怎么就上不去？我开始下意识地关注他的言行举止，发现他并不外向，下课时经常是一个人在课室看书。不久，我发现他喜欢上我的课，经常能在我的课上看到他开怀大笑，看来他还是很喜欢这样的课堂的。于是，我对他的书写加以指导，每次从他身边走过，我都会特意拿起他的本子对着他说"要是字再工整一点该有多好""写得挺认真，要是有点笔锋更加完美"等话语，不久后，我经常在课堂上说起书写的重要性，期待大家能够重视书写，并告诉全班同学可以购买字帖自己练习。

一个星期后，果不其然，该同学买了字帖，并且已经开始在练习了。就这样，他喜欢上了语文课，字帖也练上了。慢慢地，黄同学从一个中等生，成为班上同学都羡慕的优秀孩子，他不仅在学习上令人羡慕，在书写上也从书写工整但没有笔锋，成了后来的书写小达人。

但是上了中学后，怎么会发生这样的事情？看着自己的得意门生出现这样的问题，我的心里好似烧起了一团火，恨不得赶紧处理好这件事，在跟他母亲沟通了一个星期之后，我决定周末放假后到他家去跟他聊聊。

周六的早上，我从县城的家里开车30公里回到横河镇西角村，因为早早来到他家，到他家的时候，他还没有起床，听说我来了，他赶紧起身，我说："不着急，我在外面等你。"等他起来后，我让他坐在我的身旁，我告诉他今天刚好路过这里，顺便过来看看他。看得出来，孩子在父母面前显得无话可说，看来是某些东西不适合当着家长的面表达出来。于是，我跟他妈妈说："××妈妈，给我点时间，我需要跟他单独聊聊。"就这样，我们两个人聊了一个多小时，最后解开了他心中的结：不习惯学校住宿的生活，同宿舍的同学太吵闹，导致自己完全没有学习的劲头。最终我给他的建议：你觉得是应该社会来适应你还说让你去适应社会？是你应该适应学校的生活还说让学校的生活来适应你呢？不适应是正常的，人都会有这个阶段，老师刚刚开始住宿的时候，好几个晚上没有睡觉，每到周五就特别开心，那是因为终于可以回家了。你现在也是这样，你觉得这样简单的问题就可以把你打倒吗？那你还是那个你吗？还是那个从中等生冲到优秀生的你吗？

临走时，该同学的家人都出来送行，我心里暖暖的。他奶奶自言自语："真是个好老师呀。"

经过这次谈话，相信该同学已经领会了我对他说的道理。期末不久，在中学的公众号上看到了他获得奖学金的消息，那时我的心中别提有多么骄傲！原来自己身上真的有那么一股力量，可以让一个孩子变得更好！

爱生的呈现

——那张来自中学的奖状

2017年春季学期，五年级转来了一个男同学温××，家庭的变故，让这个孩子完全无心向学，对于学校的管理也完全不放在心上。他经常在学校的花圃里躺下，看到哪里不顺眼就一脚踢过去，还经常扯女同学的头发，这一切我都看在眼里。因为这个班我曾经带过，后来学校工作调整没有继续带，看到这样的情景心理实在难受。经过一个学期下来，整个班都因为这位同学受到影响，班风学风严重败坏。

　　新学期开学，我非常幸运地接手了他所在的班级。本着曾经的那份情感，孩子们对我重新做回他们的班主任备感开心，但是那个温××对此没有丝毫的感觉。开学初他就给我来了个下马威，故意捣蛋、惹事……我看在眼里，在第一节班会课上，我首先强调了班级公约，是每个同学共同制定并都应该遵守的约定。我邀请每个同学提出他们对于班级公约提出自己的问题，并想想有什么好的对策对这些问题进行解决。我把温××的过去暂时埋在心里，没有故意把他过去的那些事掺和到现在的班级管理工作中，在有同学提到如果有同学违反纪律的时候应该如何处理的时候，我下意识地让温同学来回答，听到他的名字，同学们都笑了起来，大家知道这个就是给他下的"圈套"哇，违反纪律最多的人就是他，反而还要他自己来作决定。我尊重了他的意见并对全班同学说：我个人认为温同学的这个提法很符合我们班的实际情况，希望每个同学共同监督。

　　刚刚开始，温同学还是会犯错，欺负女同学、打架等情况皆有发生；但是每次我都会找他谈话，但不是拉过来就直接批评，而是先问清楚原因、事情的原委是怎样的……经常我会站在他的角度去思考问题，去跟他讲清楚像他那样做的坏处，等等。在一次次的教育中，我发现他犯错的频率越来越低，我在班上及时通报：××同学本周违反纪律次数比上周又少了，相信他很快就会彻底改变了。紧接着，我深入学生家庭了解情况，当我知道孩子的父母离异后，我才恍然大悟，原来该同学比较叛逆的主要原因是父母离异，孩子觉得自己无人看管，干脆破罐子破摔。在了解到相关情况后，我再跟温同学进行沟通，在解开他自己的心结过程中，孩子数次在我面前流下了眼泪。我深情地告诉他：孩子，以后的路你要自己走，如果走得好，未来一片光明；要是踏错路，那将悔恨终生。人生是没有回头路的，所以现在改变自己，从头再来还不晚，人是可以改变自己的！我相信你！

　　经过几番谈话教育后，温同学慢慢对我的态度产生了转变，做事积极主动起来，我慢慢地发现，他变了一个人。上中学后，有一次他得了一张历史学科的奖状，周五放假回家立刻将奖状拍照发给我，并说：老师，要是没有你就没有我的今天，虽然我现在成绩还是一般，但是我会继续努力的。这一刻，我体会到了教育的真正意义。

爱生的主张

——浅谈有爱教育的本质

　　教育教学工作是多方面结合的共同效应，需要学校、家庭、社会三方协同发力，才可以把孩子的教育教学工作做好。对于教育教学工作，我有以下几个方面的建议。

　　学校要明确立德树人根本任务，这个任务的落实不仅需要我们从学校层面去解决问题，更多需要教育主管部门对教育的方向和政策加以把控，主管部门一直在喊着分数要上来，排名靠后的要做检讨，校长连续三年倒数的要撤职，等等。在这样的背景下，还有哪个学校的校长敢提其他的问题？教育本来就是一个长期的过程，而我们现在一味追求教育的短期效益，恰好适得其反，目前分数是提高了，但是孩子学习的积极性却被磨灭了，上了高年级孩子就会越来越缺乏学习的主动性，对学习的兴趣也会越来越少，更有甚者对学习产生反感、厌恶等情绪。

　　我们需要从整体把握教育教学的规律，让小学阶段的孩子得到应有美好童年，而不是单纯关注试卷上的分数，很多小学阶段学业成绩平平的孩子上了中学成绩照样可以突飞猛进；但是很多小学成绩很好的学生，上了中学学习却显得很吃力，问题就在于孩子学习的动力没了，对学习的积极性已经在小学阶段被磨灭了。党和国家意识到问题的存在，相继出台了"双减"政策和"五项管理"，明确了小学一二年级不留书面作业、三年级至六年级按照学段规定了完成作业的时间，这就有利于孩子把握学习的侧重点，明确指出了应该重视在体育和艺术审美等方面的成长，有些人认为现在大部分孩子会接触手机，回到家没有作业做，那么孩子不就跟手机打成一片了吗？这样认为的人想必缺少了对自己的思考，孩子如果一整天没有事做，这时候能够有一部手机放在身边，他不会拿起来玩吗？作为成人应该都会这么做，何况是孩子？

　　我们再反思，现在大部分孩子在家里能够做什么家务活？再看看假期里，有多少孩子只围着一个手机活动，有多少个孩子被手机牵着走完了整个童年？

我自2019年负责博罗县横河中心小学校本部以来，坚持立德树人根本任务，全力发展学生德育工作，把学校德育工作摆在学校工作重要位置。坚持以德启智、德智相长、五育并举的育人体制。

一、制定未来可期的学校规划

学校的发展规划是学校一段时间内工作侧重点的体现，简单来说就是学校在特定时间内要实现的任务和目标。学校要想实现更长远的发展必须制定相应的规划，这个规划必须是结合学校自身实际的，是可以实现而不是口号式的。而且这个规划是必须经过全体教师认同的。

二、构建有向心力的师资团队

构建凝聚力的行政团队，才能打造有向心力的师资队伍。打造强有力的行政团队，可以通过举办每周一次的行政会，就学校存在问题进行商议决策。实行行政挂钩年级负责制，具体工作具体分工，把学校每一项工作落到实处，实行责任到人，做到事事有人做、人人有事做，把工作实效最大化。

三、搭建和谐美好的家校桥梁

学校应该把家校共育摆在重要位置。家庭教育和学校教育相结合才能让孩子的教育全面无死角。家庭是孩子性格、价值观、人生观初步建立、形成的重要场所；学校是培育孩子知识、后期认知、价值观的重要基地。家校共育可以通过教师定期进行全面家访、家校共育相关亲子活动、家庭教育知识宣讲等活动展开。让孩子在家、在校都可以得到正确的引导，要相信每个孩子都是好的苗子，孩子的成长需要我们前期的培育。

四、完善积极向上的校园环境

校园环境是学校氛围的重要体现。学校可以小但是必须精致，学校也可以大，但不可杂乱无章。多角度、多方面地统筹布局，可以分板块进行有效设计，从德育、教学、运动、社团活动等不同方面对校园环境进行合理安排、布局，把学校总体设计理念贯穿到学校每个布置中、深入每个学生的心中。如果校园布局中每一项都是学生的作品，则更能激发学生的自豪感，让每个学生都能够对学校有归属感，孩子们就更愿意对自己的校园完善和增添新的色彩，让校园充满积极向上的气息。

五、驱动生机勃勃的学生内力

学生的内驱力就像小鸡从鸡蛋破壳而出的力量。学校从学生内驱力着手，从丰富多彩的课余活动、相互竞争的学科劲头，让每个学生都可以在校园积极发展、奋发图强、蒸蒸日上。学生学习的动力在哪里？学生希望学校为他们做些什么？学生希望的学校是怎样的？走近每一个学生，多听听学生的意见，让学生感觉到自己是学校的主人，才能让学生为学校做出最大的贡献。

六、把握精彩纷呈的社会魅力

社会有很多可用资源，把有用的、适合学校办学的资源充分运用起来，既可满足学生的兴趣好奇心，也可把学校教育拓展到社会，让每个学生得到独特的见识，让学生既能体验社会的精彩，也可有对社会的新认识。学校应为学生统筹、提供社会资源，让学生获得全方位的发展。比如，学校邀请扎灯文化传承人到校讲课，既可以对学生进行传统文化的教育，也可以实现扎灯知识的普及。

总之，学校办学需要全方位地统筹、思考问题，必须坚持贯彻执行党和国家的政策方针，实现"为党育人、为国育才"的教育目标，培养新时代中国特色社会主义合格的建设者和可靠接班人！

爱生的同事

为人师表，工作认真务实

——老教师张贵英评价

卢建林校长为人师表，工作认真务实，坚持更新观念，与时俱进，开拓创新，在工作中真正发挥了榜样示范作用。

卢校长严于律己，率先垂范，要求教师做到的，他先做到。在处理学校日常教学事务中，他能以一种平和的态度与每名教师交流，虚心向有经验的领导和教师请教。在家校沟通方面，始终把家长、学生的利益摆在首位，关心爱护学生，尊重家长。

卢校长在教育教学工作上负责毕业班的语文教学工作，教学工作任务的完成情况与其他教师相比毫不逊色，有时甚至完成得更为出色，去年他还承担起全镇的同年级组长这个重任。前两年任教两个班语文的同时他还兼任一个班的班主任。一个校长，教学工作如此繁重，做教师的还有什么怨言呢？谁能不服从呢？在工作中，卢校长的工作井然有序，成绩突出。节假日还经常能看到他穿梭在校园的情景。他经常和家长进行沟通，经常为学困生进行个别辅导。使每个学生都能健康成长。他的学生曾笑着说：卢校长是我们的"帮主"，我们都听他的话，遵守纪律，努力学习。在廉洁自律方面，卢校长认真执行关于党风廉政建设的各项规定，在履行职责的过程中忠于职守、廉洁奉公，从不徇私舞弊、以权谋私，他引领教师认真履行教育教学职责，在学生评选"校长特别奖""优秀学生干部""三好学生"等奖项和荣誉时均能做到公平公正。

为营造积极向上的团体精神，用制度规范办学行为，卢校长组织教师制定和完善了学校一系列管理制度，如教师量化考核制度、班级管理制度、教育教学常规管理制度等，以制度管理和监督学校各项工作的开展。

卢校长在学校管理和教学方面积累了很多经验，但他仍不满足，坚持利用业余时间学习，除了撰写教育专著以及进行继续教育学习之外，他还积极参加校本培训，校长培训班等学习活动，做到了工作学习两不误，使个人分担的各项任务有条不紊地进行，教育教学水平不断提高，得到了家长和同事的一致好评。

卢校长的工作大家有目共睹，在他的带领下学校教师团结合作，积极向上。学生健康文明，求实进取。卢建林校长的确是一个优秀的名校长。

勤勉　智慧　有爱

——青年教师周慧玲评价

一、勤勉

在我眼里，卢校长是一位很勤奋的领导，不论刮风下雨，只要没有特殊原因，他总是很早到达校园值守，他以保障学生安全为首要原则，十年如一日地坚守自己的岗位。他不仅是一名校长，还是一位优秀的语文老师，很多时候我刚到学校就能看到他在班级里组织学生早读，他的课室里总是早早地就书声琅琅。

二、智慧

卢校长经常会给我们教师推送学习资料，让我们出去学习，他自己就善于学习，定时地对我们进行师德师风的培训，时刻告诫我们要坚守师德，做一名学生、家长认可的好教师。卢校长不仅能对学校工作进行整体思考，还经常对学校行政人员的工作展开具体指导，并能对学校工作进行全局掌控，对不同的教研组采用不同的管理方略。

三、有爱

卢校长是一位有爱的领导。碰巧我也担任他所任教班级的教师，每当学生遇到学习上的困难，卢校长总是第一时间予以解决，我们学校的孩子大多是留守儿童，若遇到问题学生，卢校长会对他们进行开解与鼓励，学生都非常喜欢他。卢校长对待同事关爱有加，同事们工作遇到困难时他也是尽自己所能为大家排忧解难。爱是教师工作动力的"油门"，卢校长踩准了"油门"，是一位有爱、有格局、有情怀的好校长。

好校长引领好学校

——青年教师曾驰浩评价

苏霍姆林斯基曾说："有什么样的校长，就有什么样的学校。"陶行知先生曾说："校长是一个学校的灵魂。学校的好坏和校长最有关系，一个好校长就是一所好学校。"卢校长就任以来，一直承担着学校领路人的角色，尽职履行学校领导与管理工作的职责。

卢校长对教师着力提供方向指导，注重加强师德师风建设，不断促进教师成长，促进教师向高素质专业化发展。工作中，卢校长能做到懂教师、识教师，知晓教师的个性特点、成长需求，洞悉教师的发展潜质、目标追求，熟悉教师的工作学习情况，发现教师的工作亮点。卢校长始终把培养一支优秀的教师队伍作为一个重要的课题。

就学生而言，卢校长能坚持以学生为中心，站在长远的、终身发展的立场上培养学生。在教学过程中，卢校长能发现学生犯的错误，并用爱与包容理解学生。卢校长公平公正对待每一个学生，严慈并济，赏罚有度。

卢校长对教育工作饱含热情，一丝不苟，他善于学习的工作态度，以及以身作则、严于律己的工作作风，成为我们眼中有担当、有能力的好校长。

爱生的老师

语文老师

——学生黄子杰评价

　　我最喜爱的老师是我的语文老师，他也是一位校长。老师身高170厘米，体重偏大，可是他的眼睛中始终透露着智慧及和蔼可亲。老师对待教学认真负责，使我受益无穷。老师陪伴了我半个小学生涯，使我的小学生活充满了快乐。老师治学严谨，要求严格，能深入了解学生的学习和生活状况。老师批改作业认真及时，重视讲解学生易犯错误。老师在四年级的时候，就开始关注我，他发现我的学习状态还可以，可是字写得太差了，就建议我买了字帖，跟我讲解写字好的优势及重要性。买了字帖后，每天写完我都会拿给他看，他也总是细心地根据我的字帖情况，让我知道了如何正确书写字帖。经过了两年的练习，我的字变得好看了，我的成绩也提高了。总之，老师是一个不可多得的好教师。

　　老师上课有时非常幽默，大家都很崇拜他！老师上课有条理、有重点，对同学既热情又严格。他的教学内容丰富有效，上课氛围活跃，内容详细，在幽默的教学风格下，我总是愿意跟着老师的脚步来学习，上好每一堂课，使每堂课都收获满满。这也让我们班从倒数第一变成正数第一。

　　老师，你为人师表，不仅教书，还教学生在生活之中的知识及经验。每当有同学犯错误，你总是可以让那个同学轻松纠正，听了你的话，整个人有所改变。当有人难过时，你能用你幽默的语言来安慰学生，与学生谈心，与学生做真正的朋友。老师，你总会倾听我们的心声，当我们向你诉讼烦恼时，你会耐心且仔细地倾听。当我们家里发生困难时，你会帮助我们。有你这样的教师，我真的感到很荣幸。老师，你总是关心着我们，是你让我从一个成绩中等的学生变为成绩优秀的学生，是你让我从内向变为活泼开朗，是你让我从一个道理一点都不懂的人变成一个通情达理的人。老师，你对我的关怀与疼爱，我从未忘记，我总想着什么时候回去看看你，并努力给你带去更多喜讯。

恩　师

——学生冯燕评价

老师是什么？老师就像红烛，燃烧了自己，照亮了我们；老师就像园丁，辛劳了自己，抚育了我们；老师就像粉笔，牺牲了自己，传授了知识。

我要介绍的这位老师，他善于调动同学们的积极性，他的课堂幽默、生动、有趣，在同学们注意力不集中时，他会以一个笑话、一个小故事来活跃课堂气氛。

他有着积极肯干负责任的工作态度，这让他30多岁就当上了副校长，以此成为我校最年轻的校长，这让我们十分敬佩他。

他工作态度认真负责，对学生极有耐心。当同学之间发生矛盾时，他会把学生带到自己办公室去开导他们，问清楚他们起矛盾的原因，并给他们提供正确的指导。他治学严谨，要求严格，能深入了解学生的学习和生活状况，循循善诱，平易近人。所以我们亲切地称他为"情感大师"。

他和其他老师不一样，如对没有完成作业的同学，其他老师都是告知家长，或叫到办公室一顿骂；而他不是这样的，他是把没有完成作业的同学叫上讲台，问清楚他们没有完成作业的原因，也许下一次他们就肯写作业了。

他是我学习语文路上的"一盏灯"，他是让我爱上语文的人。他是从四年级开始教我们的，在他教我们之前，我对语文这门课非常不感兴趣，甚至小学一年级学的拼音，我还是到四年级才真正弄懂的。因为我感觉以前的老师都太啰唆了，课堂还枯燥无味，而且上课的时候会时不时地讲课堂纪律，就像你看电视时，看到精彩的部分，突然给你一个广告那样。虽然他有时也挺啰唆的，但他讲课清晰明了，讲课重点明确，对学生态度热情，并能用他的生活和实践经验指导我们学习。从卢老师开始教我们后，他的讲授激发了我的学习兴趣，从此我就爱上了语文课，所以我的语文成绩就从原来的七八十分到现在的八九十分。

这就是我眼中的卢建林老师，一位温和、礼貌、幽默的老师。如果时光能倒流，我多想回到小学时代，再聆听他那语重心长的教诲。他的身影，常在我的眼前浮现；他的教诲，常驻在我的心田……

经师易遇，人师难遭

——学生徐菲评价

经师易遇，人师难遭。单纯传授知识的老师容易遇到，为人师表的人难遇到。得遇良师，何其有幸。语文老师对于我来说就是那个良师。

我的语文老师是卢建林，他是四年级的时候开始教我们的。我看到他第一眼的时候就认为他很有趣，不禁开始想象以后的语文学习生活会是怎样的。那时候的我并没有想到语文老师竟然会陪伴我们三年之久，更没有想到语文老师会成为让我印象如此深刻的人。我们班级的同学都很喜欢语文老师，他的课堂生动有趣，他的话语时常惹得我们哄堂大笑。老师曾说过，他教我们的不只是知识，更重要的是方法。授人以鱼不如授人以渔，因此每次上他的课我们班都会比上其他课时安静许多、认真许多。尽管有时候我们也会很吵闹，但是语文老师总是有办法可以吸引我们的注意力。上课时他是诲人不倦的老师，循循善诱、谆谆教导，用幽默的方式向我们传递知识；下课后他是我们的知心好友，用课间闲聊，愉快互动，陪伴我们一起成长。语文老师对于我们来说，既是师长也是朋友。

卢建林老师不仅是我们的语文老师，也是我们横河中心小学的校长。成为校长以后，语文老师更忙了，但他依然继续教我们班，没有因为校长职务而忽略了我们的学习。作为老师，他是一位负责任的老师；作为校长，他肯定也是一位尽职尽责的校长。每天上下学，我都能在校门口看见语文老师。不管是烈日炎炎的夏天，还是寒风凛凛的冬天，他都会站在校门口和门卫叔叔一起护送学生过马路，成为我们学校一道亮丽的风景线。不仅如此，语文老师还会亲自组织学生和老师一起去打扫学校门口的街道，以身作则，让我们知道要爱护环境，不能乱丢垃圾。他也特别注重安全教育，每天放学都嘱咐学生注意安全。语文老师会陪着没等到家长接的学生。记得有一次我和另一个同学跟着他去参加少先队活动，结束后他开车送我们回来，在差不多到家的时候，巷子里车不能进，我对他说我可以自己走回去，可他还是坚持下车把我安全地送回家。这样的一位老师是多么地重视学生的安全。我上了初中之后，经常想和同学一起回学校看看老师。但每次回去都会有点失望，因为老师放学之后还在开会，所以我们只能再等下一次。但这让我对语文老师更是充满了敬佩之情。

半亩方塘长流水，呕心沥血育新苗。他的工作在今朝，却建设着祖国的明天；他的教学在课堂，成就却在祖国的四面八方。在他教我们的三年里，语文老师给了我许多帮助和启发，希望我以后也可以做一名老师，做一名像语文老师一样的老师。

人的一生中，会遇到许多老师。或情同知己，或形同陌路，而遇到一位好老师，则是一生的幸运。我庆幸，在小学期间遇到了这样一位好老师。

尽一人之力，栽万人之树

——学生张悦评价

每当闻起杜甫的那句"随风潜入夜，润物细无声"时，我的脑海里总会浮现出一个和蔼可亲的人——兢兢业业、执教有方的卢建林老师。

韩愈在《师说》中写道："师者，所以传道授业解惑也。"此话正好诠释了卢老师的教学精神。他从未将课堂看成一个仅完成教学任务即可的地方，而是将其看作一个完成教师这个职业的使命的地方，他跟同学们打成一片，为每一个同学解答疑惑，他的脸上总是挂着祥和的笑容，不但从来不会觉得回答同学们的问题是一件麻烦的事，而且他非常喜欢为同学们解答疑惑并且享受着这个过程，把自己真正地投入教学中。卢老师把教师这个职业的伟大体现得淋漓尽致，这不正是韩愈所赞美的师者吗？

卢老师的星星之火成燎原之势，为学子们点燃心中的理想与希望，他始终秉持"春蚕到死丝方尽，蜡炬成灰泪始干"的精神，一丝不苟尽心尽力地管理学生、关心学生，他没有因为种种阻碍而停下完成崇高的教师使命的脚步，他每日挑灯批改学生的作业。时间在流逝，不变的是他脸上写满的坚持与热爱，他热爱教学这个领域，更热爱学生天真无邪的面孔，他的付出与努力灌溉着学生，他将他的青春留给了他依恋的讲台却不曾有过一丝丝的抱怨，他数年如一日地把全部精力献给了教书育人事业，正是"春蚕到死丝方尽，蜡炬成灰泪始干"哪！

在课下，卢建林老师同样和蔼可亲，他化身为同学们的好朋友与他们相处得其乐融融，没有犹豫地融入学生中，同学们也非常喜欢他的幽默风趣。每当铃声响起，他总是迈着轻快的步子走向同学们，总是带着欢乐奔向课堂，一根粉笔，一个板擦，勾勒的不仅是师生间难以割舍的情谊，还有他对同学们的负责任与热爱。从他的笑容中，你读出的不仅是善意友好，更有奉献和宽容。"学会交流，学会宽容，学会奉献"是他一生无悔的追求，他用自己的双手和扎实的学识烹煮出最醇厚的心灵鸡汤，滋养着无数学子，让无数学子感受到了学习知识的快乐，更感受到了他的真挚。

卢老师，他宛如一股清泉，流过密林山野，淌过深沟浅滩却不曾干涸；又如一束不灭的火种，展示着春风吹又生，抵住风雨的刷洗却不失光芒。他奔流不息，是为了完成他那崇高的使命，滋润每一寸需要灌溉的土地，正所谓尽一人之力，栽万人之树！

结束语：我们赶上了伟大的时代，赶在了祖国繁荣昌盛的时代，赶在了新时代教育高质量发展的新征程。我们必须清楚意识到：重任上肩，心中有爱，脚下才有力量；目光看远，思想才有指南针。让我们一起做一个有爱的教育工作者！

第 四 章

做有情怀的教育

陈小燕

做有温度的教育，成为一名有情怀的教师。教育不仅是知识的传授，更是对学生的关爱和引导。教师应该把学生当作自己的孩子，用心去教育，用爱去关怀。

教育是一项伟大的事业，需要有情怀的教师去承担。教师应该有一颗爱心，用心去关注每一个学生，了解他们的需求和困难，帮助他们解决问题。教师应该有一颗耐心，耐心地倾听学生的心声，耐心地解答学生的问题，耐心地引导学生走向正确的方向。教师应该有一颗责任心，对学生的学习和成长负起责任，帮助他们成为有用的人才。有情怀的教师应该用温暖的目光去看待学生，用温和的语言去与学生交流，用温馨的笑容去面对学生，用真诚的心去关爱学生，用关怀的行动去帮助学生，用鼓励的话语去激励学生，用感性的方式去教育学生，用生动的故事去启发学生，用亲身的经历去感染学生。

教育理念——让情怀生根

我的教育理念是"精心教学，潜心育人，身心健康"。这不仅是对学生的要求，也是对自己的要求。

对自己而言，我认为，只有全神贯注、全力以赴地准备每一次课堂，力求每一次课堂都能给学生带来收获、成长、进步，努力践行"千教万教，教人求真，千学万学，学做真人"的理念，用真爱唤醒学生的心灵，用真心点燃学生学习的热情，用真情助飞学生的梦想，方能于三尺讲台立足。公民素养包含坚定的政治方向、自觉地遵纪守法、必要的科学知识、必需的文化素养、弘扬传统、开拓创新等内容，"教师是人类灵魂的工程师"，教育是一朵云朵推动另一朵云朵、一种灵魂唤醒另一种灵魂的事业，作为教师至少应当具有公民素养，把国家、社会对公民的要求贯穿教育教学过程之中，进一步传承与发扬中华优秀传统文化。身体健康，才有更好的精力投入教育事业，只有心理健康，才能平和地对待教育过程中的困难和挫折，静心于教育事业，品味生活，即把自己的工作融入生活，在工作中品味生活，在生活中感悟事业。

对学生而言，我只有三点要求：一是努力提升自己的综合素养，让学习成为乐趣和兴趣；二是具备小学生的基本素养和文明礼仪；三是有良好的身体和健康的心理，让生活有品质。

一、关于"为谁培养人"

作为一位教育工作者，我们要始终坚持正确的政治方向。在平时的学校管理及教育教学工作中，要根据小学生的认知特点抓好学生的思想教育，教育小学生学会运用科学的立场、观点、方法观察世界、分析社会，让小学生深刻领悟并践行社会主义核心价值观，同时引导全体教师做社会主义核心价值观的坚定信仰者、积极传播者、模范践行者。人才培养是育人和育才相统一的过程，而育人是本，人无德不立，育人的根本在于立德。

我们要把立德树人的成效作为检验学校一切工作的根本标准，真正做到以德育人，不断提高学生的思想水平、道德品质、文化素养。要把立德树人理念渗透学校工作的各个方面、各个环节。教师思想政治状况具有很强的示范性。教师的一言一行都会给学生以深刻影响，要坚持让教育者先受教育，让教师更好地担当起学生健康成长指导者和引路人的责任。

二、关于"培养什么样的人"

"执着的信念、优良的品德、丰富的知识、过硬的本领"，这四点，是2014年5月4日习总书记在北京大学同师生代表座谈时对青年提出的要求。具体到我们小学的实际工作，我们首先要培养忠于祖国、忠于人民的学生。要通过具体可行的教育方法和手段，让学生切实认识到爱国是一个人的立德之源、立身之本。教育学生要了解中华民族历史，秉承中华文化基因，充满民族自豪感和文化自信心。

我们要培养学生求真。知识是每个人成才的基石，在学习阶段要把基石打深、打牢，就必须在学习中求真学、求真理、悟道理、明事理。要通过学习知识，掌握事物发展规律，丰富学识，增长见识。我们要教育学生珍惜大好学习时光，求真学问，练真本领，将来更好地为国争光、为民造福。

三、关于"怎样培养人"

人才培养的关键在于教师。教师队伍素质直接决定着学校的办学能力和水平，这已成为全社会的共识。2014年9月9日，习近平总书记在同北京师范大学师生代表座谈时就如何做一名好教师提出了四点要求，即要"有理想信念、有道德情操、有扎实学识、有仁爱之心"。在新时代、新形势下，信息化不断发展，知识获取方式和传授方式、教和学的关系都发生了巨大变化。这些现实情况对我们教师队伍能力和水平提出了新的更高的要求。

我们要从培养社会主义建设者和接班人的高度，建设好政治素质过硬、业务能力精湛、育人水平高超的高素质教师队伍。师德师风建设应该是我们常抓不懈的工作，既要构建严格的制度规范，也要进行日常的教育督导。要引导教师把教书育人和自我修养结合起来，做到以德立身、以德立学、以德施教，并做到敬重学问、关爱学生、严于律己、为人师表。

1. 树立服务的意识

一切为了学生，为了学生的一切，为了一切的学生。由于中国传统的教育理念的熏陶影响，学生和老师的关系一直由师道尊严所左右。老师高高在上，学生低低在下。一日为师终身为父的封建思想，使极为正常的师生关系，变成了所谓"父子"关系，使我们的老师很少有甚至没有为学生服务的思想。在实际工作里，有的老师认为自己的教学不是在为学生服务，而是对学生的赏赐。更有甚者，对学生进行体罚、打骂。这些都是没有树立服务意识所造成的。

2. 树立终身学习的理念

作为一个教育工作者，我们必须通过不断学习来更新知识、更新理念。现在学生接受知识的途径极为广泛，互联网，电视……都是学生开展学习的窗口，从而也加剧了学生对知识的渴求。作为新时代的教师，如果对于课堂上学生的"刁难"提问还仅仅局限于用"课后再讨论""你真聪明，但是这个问题我们下次再说，好吗"等话语来搪塞过去，那么振兴教育、提高教育质量还有希望吗？我们必须清醒并且紧迫地认识到，我们必须不断地学习，不断地充实自己的头脑。在学习中，培养学术研究意识，拥有新的教育理念，树立敢为天下第一的思想精神！

终身学习是时代发展的需要，通过认真拜读相关著作，我体会到作为个体的人必须进行终身学习，教研员要求我们必须把教育看作贯穿人的一生的持续不断的过程。这就需要我们不断学习新的知识，充实自己的头脑，使自己的思想不断地更新，与时代同步。知识经济时代，学习将贯穿人的一生，可谓"活到老学到老"。学习不再是学生的专利，教育也不再是教师的特权。一个真正的终身教育、终身学习的时代伴随知识经济时代降临。教育必须正视现实，适应新时代的要求，实现形式灵活多样，促进社会学习化、学习社会化。所以作为教育工作者，最重要的任务是教育思想、实现教育理念的创新，教师必须树立正确的教育观念，学习和了解先进的教育理念，把先进的教育理念内化为自己的思想。只有如此，才能用先进的教育教学理念武装自己。

3. 树立师生是平等合作的朋友关系的观念

教师和学生不是封建社会的父子，也不完全是上下级，而应该是互相尊重的平等合作的伙伴。一个好的教师，一个有成就的教师，应该尊重学生，把学生当作一个完整的人、一个平等的人、一个好的合作伙伴，甚至一个好朋友。有的教师工作做不好，原因很多，但没有给自己定好位，没有处理好师生的关系，轻则师生关系紧张，重则和学生发生冲突，有的甚至大打出手，将严重影响自己的工作，学校的声誉。

4. 树立正确的过程理念

正确把握语文教育的特点，展开语文课教学过程。在展开的过程中，要注意语文教育的人文性、多元性，使学生在精神上树立以人为本的观念，尊重人，重视人，发展、张扬人的个性，珍惜生命，同时学会从多角度创造性看问题。在教育过程中，还要注意这个实践过程的形式的多样性，如教学方式的多样性。

5. 积极倡导自主、合作、探究的学习方式

在教学中注重培养学生自主学习的习惯和能力，提高学生发现、收集、接纳信息的能力。同时在学习中，互相帮助，互相合作，共同发展提高。引导学生多探究、多思考、多锻炼，追本求源。

成长历程——让情怀生长

一、我的成长过程

我的成长大致可以分为三个阶段。

一是以知识与技能教学为主的阶段（1999—2001年）。系统理解所教学段的学科课程体系，了解该学段之前的教材结构、要求和该学段之后的学生后继学习必备能力，基本能把握该学段学科素养的要求和测试方向。

二是以思想与方法教学为主的阶段（2001—2005年）。深层次钻研教材、教法、学法，探索从知识、技能、思想和方法的学术形态到教学形态的转变策略，积累关于教学的知识；剖析学科思想和方法内涵在教材中的分布与体现形式，从哲学的角度解读学科思想方法的内涵，探究学科思想与方法转化为学生能力和素养的途径与策略。

三是以学科文化教学为主的阶段（2005年至今）。对语文知识的溯源，知识的历史背景的探究，以及挖掘它的产生、形成与发展的过程并挖掘隐掩其中的人物、故事、精神，即挖掘语文的科学价值、应用价值、人文价值、审美价值。实现语文教育的根本目标，即立德树人。

二、我的成长主要有以下几个要素

确立目标——方向。参加工作时，我为自己制定了发展目标，一年站好讲台，三年成为骨干，五年评小学一级，十年评小学副高级。从发展过程看，我的成长轨迹与我制定的目标一致。

教育情怀——动力。教育是一个灵魂唤醒另一个灵魂的过程，这一过程既需要传道、授业、解惑的情怀，又需要感知、善引、循导的情怀。唯有常补自身不足，常修自身之道，以主动上进为帆，以勤修苦学为桨，不断对自己进行充实、提升、完善，才能将自己修炼得尽善尽美，才能具备传道、授业、解惑的无穷力量。正如著名特级教师于漪曾说："我有两把'尺'，一把是量别人长处，一把是量自己不足，只有看到自己的不足或缺点，自身才有驱动力。"

实践反思——途径。教育本身就是一种实践活动，在实践的过程中必然遇到这样或那样的问题，分析这些问题，反思这些问题，提出解决问题的方案或设想，再次实践。即"实践—反思—实践"是教师教育实践的基本模式，也是教师自我提升的有效途径。

阅读写作——方法。阅读是一种生活历练，一种品德修行。阅读可以使阅历宽广，学识丰厚，精神充实，内心宁静。我每天坚持1小时的阅读，不但进行专业阅读，也进行非专业阅读。特别注重教育实践中遇到的问题，有侧重地进行阅读（学习）。在此基础上，将"实践—反思—实践"过程中的所做、所思、所想写成文字，提升写作能力。阅读能提升专业、服务教学；写作能锻炼教师思维，提高教师思想，促进教学能力。阅读写作是自我成长的重要方法。

教育哲学——提升。人们源于生存困境而提出哲学问题、进行哲学思考，不断对人类自身进行探究、追问、批判和反省，以不断追求人生的价值与意义。与此同时，教育就是力图使人向最真最善的方向发展的活动，人是教育的目的，教育的最终追求应是"使人成为人"。即教育问题归根结底都是哲学问题，教育走向哲学是把人引向对人生最重要事情上的思考，引向对日常生活的超越。教育哲学使教育工作者以哲学的观点和方法解决教育中的基本问题，有助于提升教育工作者的教育能力、教育境界和品质。正如刘铁芳教授所言："教育哲学就是这样一种给教育行动赋形的活动，即赋予纷繁的教育行动以和谐而优美的形式，使散乱的教育行动朝向对善好人性的促进。"

同人关怀——机遇。任何人的成长，除了自身的努力，也离不开机遇。在我的成长过程中，遇到了很多"贵人"，他们给了我太多的关心与帮助，使我安然渡过一个又一个困难和挫折；各级领导的关怀，给了我一个又一个的机遇。同人的关心、领导的关怀是我成长的保障。

三、我的教育实践

1. 从理论上找与自己的实践相吻合的教育理念

首先，学习、了解现有的教育理念，如李吉林的"情境教学"、王金战的"33条教育理念"、魏书生的"自主学习"……接着把自己的教育行为与名家的教育理念做比较，感受我与各教育专家的相似和不同之处。

2. 从实践中提炼

反复剖析自己的教育行为与别人有何不同，越思考，越比较，思路越清晰，理念越分明，终于提炼出我的教育理念"培养小学生适应未来社会需要的生存、发展的意识与能力"。简言之，就是要"对小学生进行社会化引导"。

四、如何践行自己的教育理念

没有找到自己的教育理念之前，我的教育行为是零散的，虽然效果不错但都既没有理论依据，也不够系统，往往是事倍功半；教师累，学生累，家长累，自己的身体也越来越差，只有责任感没有太多的幸福感。在找到自己的教育理念之后，一切都发生了改变！

1. 思想上重视教书，更重视育人

教育的任务是将自然人培养成为合格的社会公民。所以教师在校给学生提供系统的教育，使学生在德、智、体、美、劳等方面向着预期的方向发展，成为社会所需要的人。

我的教育教学理念是对小学生进行社会化引导，针对小学不同学年的学生，为其制订当年的具体活动计划。例如，关于健康饮食观的指导，学生自行设计有创意的板报，学会关心他人，树立正确的消费观。

2. 行动上，践行自己的教育教学理念

利用班会及闲暇时间向学生阐述了健康饮食观的重要性，如一一列举我们的生存环境，食物的营养曲线及人体与大自然之间的关系等。很多学生感到很震惊，他们第一次听到这样的教学（不是讲述课本），这在家长和同学们中反响很大，他们纷纷反思自己的饮食观是否健康；在行动上也是有着明显的变化，全班同学没有一个再喝饮料的，除个别同学喝茶或枸杞红枣水外，其余全部喝白开水，而且是科学地喝。看到这一幕，我非常兴奋同时也为自己骄傲。很多家长说："陈老师，你真厉害！我们怎么不让孩子吃小食品、喝饮料都不好使，你一说就管用！"其实，让学生"做什么，不做什么"是每个教师都能做到的，但一定要让学生懂得"为什么做，为什么不做"的重要性，发挥学生的主观能动性。

充分利用一切契机，发挥学生的创造力。以前，班级的板报是专属于几个画画好的同学的任务。既然自己的教育理念是让每个学生适应社会，那就动员每个学生都参与进来，几个学生一组，每期都由学生自己独立完成，字画不是很好的学生就负责查找资料，每个学生都学会与人合作，学会承担责任，以有利于学生更好地融入社会。

3. 引导学生关心他人，学会感恩，表达自己的情感

每当班级里有生病的老师或同学，我都会当面打电话问候，让他们体验到人与人之间应互相关心，表达自己的关怀之情。

4. 引导学生有理财的意识

班级的班费是在"班级银行"里保管，虽然钱不多，但我也引导学生合理地储蓄，同样，学生也会把自己的压岁钱进行合理地储蓄。这样做其实并没有给学生带来多少利息，却在学生的脑海中留下理财的意识，这也是让孩子更好地融入社会、提高人生幸福指数的必备课。学生没有人会觉得把班级攒的废纸卖掉是一件丢人的事，相反，他们都感觉自己成为大人，学会了精打细算。

五、我的主要成果

我现任惠州市惠东县平山蕉田小学副校长，小学语文高级教师，所带班级及学校教育教学成绩于我县名列前茅。近几年来，学校教学质量期末检测荣获平山街道一等奖。2021年，我被评为惠州市期末质量抽测"教学工作先进个人"，获得"广东省优秀论文评比"二等奖。参与课题4个，课题荣获二等奖。2017年获得"惠州市中小学教师资格考试面试考官证"。近几年连续荣获广东省中小学学生汉字书写大赛"最佳组织者奖"，荣获惠东县小学六年级同质竞赛"优秀指导员"，荣获广东省"三区"中小学骨干教师专项培训"优秀学员"。担任惠东县语文科教研员，教育教学教研业绩显著，课题研究多个，连续五年荣获惠东县"优秀教师"称号；多年荣获惠东县"优秀教育教学先进个人""优秀班主任""学科带头人""教育教学先进工作者""优秀党务工作者"等称号。荣获惠州市优质课一等奖，多篇教学论文在省级刊物《新课程》《西部素质教育》《课外语文》上发表。

教学风格——让情怀凸显

　　我在蕉田小学任教语文以来，一直坚持追求的教学风格类型为"趣""活""实"。《中国教育改革和发展纲要》提出："中小学要由应试教育转向全面提高国民素质的轨道，面向全体学生，全面提高学生的思想道德、文化科学、劳动技能和身体心理素质，促进学生生动活泼地发展，办出各自的特色。"这段话客观地阐述了素质教育的基本任务，按照素质教育的要求，课堂教学必须改革，新的教学观念下教学中应该气氛热烈。

　　素质教育的深入发展，使教师不能再像往常一样一支粉笔、一块黑板，我讲你听、口耳相传，即传统的教育模式已不再适应现代教学的需要。那么，一个语文教师要怎样才能做到有自己的教学风格呢？

一、我的教学风格简介

追求的教学风格类型："趣""活""实"

形成与发展阶段：选择探索

教学风格的特点：

1. 趣

　　趣——激发学生的学习兴趣。大家都知道"兴趣是最好的老师"。孔子也曾说过："知之者不如好知者，好知者不如乐知者。"由此可见，培养学生的学习兴趣，让学生在愉快的气氛中学习，是调动学生学习积极性，提高教学质量至关重要的条件。学生有了学习兴趣，学习活动对他们来说就不是一种负担，而是一次愉快的体验，是一种生命的享受，学生会越学越愿意学、越学越爱学。

2. 活

　　活——让课堂教学焕发出生命活力，让课堂活起来，让学生动起来，使教师和学生都建构起丰富的精神生活，享受生命成长的欢乐。"活"表面上是课程的内容活、教学方法活，实质上是师生双方的知识活、经验活、智力活、能力活、情感活、精神活。"活"既意味着师生双方经验的共享，又意味着师生双方潜能的开发、精神的唤醒、内心的敞亮、个性的彰显和主体性的发扬。这样的课程才有激情，有激情就显活力，有激情就能滋润每一颗心灵，有激情就能迸发出智慧的火花。语文教学需要年轻的心态，要带着饱满的激情走进课堂，因此走进课堂前，语文教师要调整好自己心态，带着微笑、带着童心、走向学生。每天带着好心情去上课，一进教室首先是热情的问候，上课的时候就把自己投入课堂中，用眼神、表情、夸张的动作去吸引孩子的注意力。整个课堂教学中，始终像个兴致勃勃的大孩子，带着学生学习、游戏。好的语文教师还必须是"演员"，在组织教学的过程中适当运用肢体语言，能有效地吸引学生的注意，感染学生的情绪。孩子会用最天真、最真实的表现反映自己的想法，教师讲得没有感染力，没有吸引他们的兴趣他们就不听。所以不论课中还是课后，我都会和学生一起分享快乐，只有教师富有激情，学生才会很有激情地去学习。

因此，教师要做到根据不同教学内容，选择夸张语调、丰富表情、多变动作来演绎抽象的语言符号，帮助学生理解、感悟教材内容。例如，我在教授拼音时，考虑到一年级的学生对拼音碰音掌握比较困难，在教授碰音时，我配上一些道具，在学生面前用肢体语言表演起来，学生的学习兴趣自然就浓厚起来，并积极主动地学习碰音，教学难点也就轻易被攻破了。

3. 实

实——就是教学中要讲求实效，不走过场，不摆花架子，即努力使教学内容充实，课堂训练扎实，教学目标落实。一节课下来，看一看自己所定的教学目标得到的良好体现。我认为教师应从以下几个方面进行一下反思、评定：学生主动参与学习；师生、生生之间保持有效的互动；学习材料、时间和空间得到充分保障；学生形成对知识真正的理解；学生的自我监控和反思能力得到培养；学生获得积极的情感体验。

二、坚持自己的个性与个人魅力

1. 个性是一个教师教学经验、教学特色和灵性的折射

有个性就显灵性，就有特色、有创新，坚持个性至关重要。

（1）教师要透彻理解教材，教学设计从实际出发

一篇优秀的教学设计除必须具有方向性、科学性的品质外，还必须具有实践性、可行性和可操作性的品质。教师要创造性地使用教材，对教材进行适当的调整和取舍，教学设计必须符合学生的实际。如果教师的教学没有自己的思想，没有自己的方法，备课就是抄写教案，上课就是照本宣科，批作业就是画勾画叉，那么教师的教学不可能给学生带来愉悦的学习体验，也不可能取得良好的教学效果，这样的教学只是按教学程序完成任务，没有多少价值可言。平庸、没有特色的教学就像一潭死水，没有一丝涟漪，没有一点生机，不会引起他人的注意，也得不到他人的认可，教师也就无法通过自己的教学来实现自己的人生价值。

（2）教师要重视激活学生的思维

课堂教学的精彩之处在于把学生的学习积极性调动起来，激活学生的思维。教师是课堂教学的组织者和引导者，教师不仅要熟悉思维运动的规律，还要善于点拨、引导、激发学生对学习的兴趣，从而推动学生进入积极思维的状态，为课堂教学的精彩开展做充分的准备。设计一个良好的引入尤为重要，正如一首乐章要有优美动人的序曲，一出戏剧要有摄人心魄的序幕，一篇文章要有引人入胜的开头。一堂课刚开始，学生的注意力往往比较集中，教师如能设计一个优秀的导语来吸引学生，拨动学生的心弦，激发学生的学习兴趣，课堂教学活动往往就能顺利进行，课堂气氛也会变得生动活泼、和谐轻松，那么这堂课基本上已成功了一半。例如，我在教授《我家住在大海边》时，先播放大海的声音给学生听，让学生来猜猜是什么声音，然后根据学生回答的实际情况在把海景用PPT一一呈现。要调动激活学生的思维，准确把握质疑的时机无疑也是非常重要的。教师适时而精当地点拨、引导，才能让学生思维活跃，主动探究知识的精彩。

（3）教师要掌握提问、启发的艺术

教学提问是教学的重要手段和教学活动的有机组成部分。"在进行研究的课堂上，教学程序的核心是教师的提问，学生的回答，还有教师对学生的回答所作出的反应。"课堂提问的有效性直接决定着教师教学的质量和水平。在课堂上经常会出现教师"逼供"式提问，即教师通过不断的追问，甚至是一些没有实际思维含量的提问，一味地把学生往自己预设的"框子"里"逼"；而学生则费尽心思地揣摩教师想得到的"供"。这样的教学模式在很大程度地抑

制了学生的思维，造成学生没有主见。因此，教师不要局限学生的思维，应值得注意的是，教师所提问题一定要适度（一是深度，即不能超越学生的知识基础；二是广度，即不能超出学生生活实践的范围），讲究提问和启发的艺术。

（4）教师要营造"亮点"，让课堂教学高潮迭起

课堂教学的"亮点"是指教师的教学给学生留下最深刻鲜明的印象并得到学生最富于感情反应的时刻，这时师生双方的积极性达到最佳配合状态。课堂教学要牢牢地抓住学生的注意力，不失时机地精心制造教学的亮点，把课堂教学推向高潮，以使学生达到情绪高涨、智力振奋的积极状态。课堂亮点的出现使学生受到强烈的良性刺激，使课堂教学的境界得到升华。"亮点"可以是事先设计的，最精彩的亮点往往是课堂随机生成的。边讲故事边在黑板上用简笔画表现故事情节，并征求学生意见，推动故事发展，让学生参与到故事中来，学生积极发挥想象，气氛热烈，使课堂始终处于交互状态中。教师在课堂教学中至少要设计一个高潮，最好高潮迭起。

2. 魅力是一个教师人格、道德、知识、智能等品位的综合体现

有魅力就显形象，就有气质和风度，就能点燃学生心中的火种，就能唤起学生心灵的共鸣。

作为一名语文教师，首先，要以满腔热情去热爱语文教学事业，并以此去感染自己的学生。最重要的是，我们要热爱学生。只有无私的真诚的爱，才能使学生对我们产生敬佩之情；有了真诚的爱，教师才会宽容，才能以博大的胸怀去包容学生的种种过失；有了真诚的爱，才会有忍耐和信心；有了真诚的爱，才能真正做到尊重学生、爱护学生、关心学生。"爱"是语文教师人格魅力的源泉。

其次，要不断地实践和探索。语文教师应加强自身的教学理论修养，提高教学实践水平；应努力探索一条适合自己教学个性的新路子；要博采众长、虚心求教，使自己的教学路子越走越宽，越走越顺畅。教师要具备一定的教学机智，在课堂上对各种问题和突发状况处理、应对得好，把握得好，也可有利于正常教学，课堂经过教师及时、巧妙、灵活的处理，能够对教学起到烘托、补充、增效的作用。

最后，我在教学中还注意做到：课堂用语简短化，课堂用语体态化，课堂调控习惯化，课堂教学直观化，情景设置合理化。注重学生的差异，重视学困生的转化。做好阶段检查工作，及时总结教育教学工作的不足，调整教学方法。

不积跬步，无以至千里；不积小流，无以成江海。细节决定成败，教师只有持之以恒，抓平时，抓细节，抓落实，形成一贯的教风，才能促成学生养成一贯的学风。教无定法，教贵有法。方法得当，事半功倍；方法不当，事倍功半。每个人都有自己独到的教学方法，关键在于不断地反思和总结，形成自己的模式。

总而言之，有个人特色的教学方式是有价值的教学，是生机勃勃的教学，也是学校教育的价值所在。作为一名语文教师，我还必须适应教育潮流，不断学习，充实自己，形成适合个人特色的教学风格，为我们的现代化教育事业奉献力量。

三、我的教育教学主张

教育思想是办学的灵魂。一所现代学校的办学主张应该是在长期办学过程中形成的，渗透在学校的方方面面，是通过审视学校的办学历史总结出来的，它整合了学校的管理者和众多教师的教育思想，又是学校教职工思想的集中体现。校长的办学思想就像舵盘，它决定着学校的走向，科学、前卫、踏实的办学思想会在学校、教师、学生的发展中发挥决定性的、不可估量的作用。管理水平是办好学校的关键。"管理出效益、管理出质量"，一所学校成功的轨迹，虽然天时、地利不尽相同，但高水平的管理带来高水平的教育质量是所有成功学校的共同结论，这一结论今天为越来越多的人所接受。管理水平是办学的关键。校长也只有不断地提高自身的管理水平，才能实现学校高质量的办学追求。

1. 校长，是教育思想的引领者

有教师就有教育，但不一定会有办学思想；有教育就有教育的形式，但不一定有教育的灵魂。"一位好校长就是一所好学校"，校长的思想决定了一所学校的发展方向，有思想才能出思路。校长的教育思想应该汇聚全校师生共同的愿望，引领学校工作的方方面面。

各名校有各自的校情，但其科研兴教的现代办学理念、以人为本的治校策略、严而不死的教育管理、办出自己学校的特色等方面的办学思想是一致的。在学校发展的诸要素中，关键是作为学校灵魂的校长。唯有优秀的校长，才能为教师的健康成长提供宽阔的舞台，才能为学校的发展提供坚实的基础。

一所优秀的学校应该体现现代的、科学的、先进的教育思想与办学理念。

校长首先是教育思想的领导，任何学校发展水平的提升，知名度和美誉的形成，都离不开现代的、科学的、先进的、富有特色的办学思想。

教育呼唤智慧，学校管理更需要智慧。从实践中省思，从书本中汲取，从团队中获得应成为校长提高的主要途径与渠道。校长只有努力学习，才能胜任学校文化领导者的角色，从管理者变为学校文化的领导者。当好一名校长是不容易的，这既要校长有清晰的教育思想，又要校长能在复杂的校内外事务中运筹帷幄；校长既是一名教育工作者，又在从事一所学校的经营管理工作；校长对学校发展既要作宏观战略上的考虑，又要面对具体的人和事作出战术上、技术上的反应。作为一校之长，不仅要关注学校现在的发展，更要注重学校今后的、可持续发展，这就要求校长要凭借自己的办学思想，成功地领导一所学校的文化。因为，学校生存发展的主导因素不是物质本身而是与物质因素相关联的文化因素，文化使学校产生的凝聚力、创造力、向心力、适应性和持久性，是学校生存的基础、发展的动力和成功的保证。学校文化是什么，简单地说就是学校风范和学校精神，学校文化一旦形成，会对学校办学行为和员工教育行为产生导向、凝聚、激励、约束作用。

2. 校长，是办学思想的践行者

思想是行动的先导，而校长又是学校制定办学思想的主导者。明确的办学思想可以减少办学活动的盲目性。无论对办学尽了多大的努力，投入多么丰厚的资金，如果没有明确的办学思想，那无异于盲人骑瞎马，只能是东撞一头、西撞一头。只有明确了办学思想，才能指导学校工作办出自己鲜明的特色，才能使学校独树一帜，引领风骚。

办学思想的提炼，首先应出于校长本人的需要。如果校长从主体的位置上转化到客体的位置，本末倒置，那么办学思想将无从体现。校长的世界观和价值观应该在办学思想中直接体现，这也将赋予办学思想新的注解、让办学思想不断丰富。也正因此，教师团队、学生团队才会在校长的引领下，一起去践行其办学思想。有明确的办学思路，学校才有鲜明的特色和形成独特的学校文化。任何办学思想不可能一开始就是完美无缺的，它除了对办学活动有重要指导意义，还要接受办学实践的检验，从而使办学思想不断改进、完善、深化、发展、系统化。正是办学思想和办学实践互相制约与促进，才使学校不断成熟和积累出特色，积淀出每所学校独有的学校文化。一所没有自己明确办学思想的学校不会有鲜明的特色和丰厚的学校文化，当然，更不能成为一所名校。

各类文化载体的活动充实了学校文化的血肉，并使学校文化富有个性。学校形象是学校文化的外显，我们在标准化建设中精心安排了建筑群样式、教师办公室和学生教室的格局，不示奢华，而使用高性价比的材料追求明亮和简洁，凡装修过的每一个角落都有值得玩味的细节，传递出强烈的现代感，传递出浓郁的文化特质，体现出学校的价值观。

符合社会需要的办学思想才能使学校持续生存和发展。一定的社会时代背景呼唤一定的教育理念、教育思想，产生一定的办学思想，出现符合社会需要的学校，这是学校发展必然要遵循的逻辑和过程。所以，有什么样的教育理念、办学思想，就会发展什么样的学校，培养什么样的人才，达到什么样的教育目的。

3. 校长，是先进文化的融合者

学校是传播知识的地方，有知识没文化的学校不是一所真正的学校，要使一所学校的面貌彻底改观并得到可持续发展，学校必须塑造自己独特的文化。学校文化体现着办学者、教育者和受教育者的价值观和追求，体现着学校的办学理念、目标、特色、风格和氛围，是学校发展的灵魂。学校文化凝聚在学校的面貌、理念、制度、校风、教风、学风、校训和精神气氛中，具有历史性、传承性、前瞻性和先进性。而这种目标的建立，必须登高望远、俯览全局，冲破传统思维的桎梏，融合各类先进文化。

（1）学校文化的核心

学校文化的核心能很好地体现学校的办学思想，体现学校特有的教育价值观，所以，一所好的现代化学校一定有自己的学校文化和鲜明特色。学校文化是学校信奉并付诸实践的被学校所有成员认可并遵守的共同的价值理念。学校文化的表征为一所学校全体成员的价值取向、信仰、态度和行为。

（2）学校文化的内涵

学校文化包括学校的精神文化、制度文化和物质文化三个表现层面。三者之中，精神文化是学校文化的核心和灵魂，是学校在教育管理和教学活动中逐渐积累下来的一种学校群体意识和学校气氛，它集中体现在办学理念、办学宗旨、办学目标等方面。制度文化是精神文化在学校工作中的具体体现，以制度和规则的形式表现出来。学校物质文化则是学校文化中最具体的构成要素，直接体现学校精神文化和制度文化的内涵，如校徽、校训、校旗、校歌、校标、校服、学校建筑和环境布置等。

（3）学校文化的功能

优秀的学校文化具有多方面的积极作用。

①导向功能。学校文化可以把与学校有关的各类人群的目标引到学校办学核心理念和办学目标上来，使新加入的成员和一批批的学生在潜移默化中接受共同的办学理念和教育价值观。

②激励作用。健康向上的学校文化可以使学校成员积极进取、情绪高昂，从而快乐愉悦地进行教学和学习，获得理想的成长和发展。

③软约束功能。即使人们在自觉自愿的状态下遵守规章制度，行为规范，甚至表现得更为优秀，营造出更加温馨和谐、人性化的软化境。所以，有人说："一流的学校靠文化管理，二流的学校靠制度管理，三流的学校靠权力管理。"有学者认为，好的学校文化还具有审美陶冶功能、身心保健功能、特长培养功能。

一所学校，最值得品味的东西其实是学校所拥有的文化，文化是对一所学校凝聚力、亲和力、渗透力和创造力的整合与根本概括。学校文化不仅是凝聚和激励学校成员进行教育教学改革的重大精神力量，而且是实施素质教育的有效激励机制，是学校发展的强大内驱力，是学校核心竞争力的重要组成部分，是学校的立校之魂和向上之基。从某种意义上说，学校文化建设，乃是最高层次的学校建设；对学校文化的管理，乃是最高层次的学校管理；没有文化品味的学校，不可能成为高质量的学校；没有文化品味的学校，其实是另类的薄弱学校。

学校文化是长期演进、积淀的结果。这种积淀的文化实质是对真善美的凝聚与追求，它能大大增强学校的核心竞争力，为学校可持续发展奠定厚重的文化基础。富有文化气息的校园，无论你走到哪儿，都会感受到一种蓬勃向上的和谐氛围与浓浓的文化气息，教师、学生都面带笑容，每一栋楼都有自己的意味深长的名字，每一面墙壁都会说话，都彰显了学校和学生的个性。

海纳百川，校长的办学思想应当是极其开放的。校长在高度重视学校文化建设的同时，更要吸取古今中外一切先进的教育理念，通过选择、整合与创新，确立合宜的学校文化建设目标、体系和方略，不仅是在形式上的纪念与推崇，更注重在学校文化中弘扬校训，发扬笃学向善、勇于探索的精神。

总之，学校的办学思想是在实践中不断形成并不断优化的，是在一个校长的工作过程中，根据校长的素养和追求不断完善和升华的。校长的教育思想是一所学校的灵魂，唯有优秀的校长，才能为教师的健康成长提供宽阔的舞台，才能为学校的发展提供坚实的基础。校长也只有不断学习、不断进步才能创建更多的有特色的办学思想，才会有更多优秀的校长和更多的特色、品牌学校。

四、学生、教师、家长对我的评价

我自走上教学领导岗位以来，坚持工作在教育第一线，兼任小学语文教学工作。多次被评为优秀教师，每年坚持发表教学论文与参与课题研究，为学校的教育教学工作做出了突出贡献。现将学生、教师、家长对我的评价做如下总结。

1. 在思想上努力完善自我

任职以来，我以更高标准重塑自我，不负领导重托，发愤图强，励精图治，再接再厉，再创辉煌。坚持社会主义办学方向，弘扬社会主义精神风貌，构成以爱国主义为核心的德育管理体系。坚持听新闻、读书看报、调查研究。密切配合学校工作，从大局出发，不计较个人得失，大事讲原则，小事讲风格，同心同德，互谅互让，求同存异，举贤荐能，以身作则，为人师表。

2. 全面贯彻党的教育方针，努力提高教育教学质量

为了使学生全面发展，我一向坚持面向全体学生，使学生成绩稳定提高，我班及格率一向在95%以上。在教学中，坚持课内外相结合，组织兴趣活动小组，在每一天活动课上开展活动。于各班建立了小小图书室，使学生眼界更为开阔，知识更为丰富。

3. 加强对学生的政治思想教育

我始终把德育工作放在教育教学的首位，定期召开班会、演讲会、故事会等，并请老干部到班进行革命传统教育，引导学生做好少年，由于措施得力，我班好人好事层出不穷，助人为乐蔚然成风。

用爱感化学困生。学生随着年龄的增长，大多有了自我主见，部分教师认为有的学困生简直无可救药，而我坚持用师德去感化他们，用爱的暖流融化一座座"冰川"。我因材施教，发挥团体作用，在活动中使学困生受到教育，和学困生建立最亲密的朋友关系，找他们谈心，在生活上予以必要的帮助，邀请司法人员开法制教育会，让他们建立法制观念。召开任课教师联席会，召开家长座谈会，进行家访，结合学校、家庭、社会共同对学困生展开教育。我校学

生无违法犯罪案例，都争当遵纪守法模范。

发扬大我，把学校的事当作自己的事。广种花木，美化学校。布置素质教育展室，桌面上摆放活动课优秀作品，用料考究，构思巧妙，做工精细。建立卫生评比制度、班级管理制度，设立礼貌监督员，加强礼貌监督。为配合双基复查，号召学生捐书，充实图书室。完善安全防范措施，加强安全教育，消除事故隐患。

4. 科学地管理学校

我摆正自我的位置，为教师、家长、学生服务。建立互助的师生关系，发挥学生的小小主人翁作用，制定了一系列规章制度，如建立"监督站""小小举报箱"等。

充分发挥教研组长的作用。采取自荐、民主选举等方法，选出教研组长，帮各教研组成员明确职责，坚持写日志，定期召开教研组长会议，既评价得失，又布置任务。

5. 深化教育科研，不断提高教育教学质量

深入钻研教育教学理论，参加教研教改，不断改善教法，探究学法，提高教学艺术。深化教育科研，制定规划、实施方案，及时进行阶段性评价，共同探讨，互相促进，我参与申报的教育科研课题的"轻负担，高质量的探讨"被定为市重点课题。

为了使学生打好坚实的知识基础，我注重课堂教育，重常规训练，重学生能力的培养，重学生素质的提高。我力争每节课质量必须第一，学生学习兴趣必须第一，学习效果必须第一。以现代教育教学理论为指导，渗透素质教育、目标教学、启发式教学、反馈教学、自主学习自主发展等原理，重视对学生学法的指导，教学生养成独立获取知识的习惯，并培养学生利用知识创造发明，改造世界的本事。

我并不故步自封，深入课堂听课，记好听课笔记，改革自我的教法，以期改善教学。认真阅读《三河教研》《廊坊教育通讯》《教育实践与研究》等教学报刊书籍，用理论指导实践。

6. 今后设想

（1）加大信息沟通力度，努力吸收和尝试新课改的信息和推进素质教育的信息，认真吸取各地的先进经验，尽快发展自我。抓好勤工俭学活动，加大投入，扩大经营项目，服务于教师和学生。

（2）不断改善和完善各项管理制，更科学、更有效地管理好各项工作。

（3）坚持努力学习，加强自身的形象建设，以更好的形象取信于群众，坚持做好本职工作。

（4）进一步协调好各方面的关系，动员更多的社会力量支持教育，组织更多的资金投入教育，不断发展我校的教育事业，做好教育工作计划，使我校向新台阶迈进。

需要做的工作还很多，我决心在今后的工作中锐意进取、开拓创新，为了祖国的教育事业，为了太阳底下最光辉的职业，勇创佳绩，再造辉煌。

五、教育教学心得体会

普通小学从教学条件、师资配备、办学水平等诸多方面与重点学校有很大的差距，这是我在担任小学校长多年以来的工作感悟。但是，作为学生，他们享受优质教育的权利是一样的。那么，小学的教学校长如何走出一条适应普通小学特点的发展之路，从而让当地的孩子享受更好的教育呢？现结合自己在工作中的几点感悟提出以下几点意见。

1. 端正思想，有强烈的使命感

对于一所普通小学的校长来说，他面对着的是最基层的居民，他的办学理念、工作思路从一定程度上说是一个地区义务教育实施水平的客观反映，他的工作作风将影响学校的整体形象，所以他肩负的责任是重大的，不能因为位置偏远、条件艰苦、学生家长文化层次不高等客观情况而降低工作的标准和对自己的要求。普通家庭的孩子也是孩子，要尽最大努力、立足实际开展好工作，做到不舍弃、不放弃、不让一个孩子掉队。

2. 学校教学管理工作，以感情引领为主

在学校教学管理方面，学校制度的制定要立足于发展教师，而不是限制教师，既要靠制度去规范，又要用感情去引领，校长要根据学校实际，更多地去关心、关注教师的工作和生活，特别是学校规模小的学校，要少讲大道理，多投入感情，多给一线教师以回报。如果教学校长凡事搬制度、讲原则，有些时候是根本行不通的，所以，在处理一些事情上，要讲究方法，因地制宜，不能千篇一律、生搬硬套。比如，在请假问题上，既要讲究制度管理，又要结合实际执行。虽然没有规矩不成方圆，但是对工作负责任的教师又要有人文的关怀。

3. 关心教师, 从小事做起, 从细节入手

对待教师少一点强制, 多一份尊重; 少一点限制, 多一份人性。在工作上做到, 对待老教师要爱中有严, 对待年轻教师要严中有爱, 让所有教师和谐相处, 共同发展。特别是我校, 年轻教师少, 中老龄的教师比例比较大, 他们要担负起养老、育儿责任的同时, 还要担负学校的重任, 压力十分大。领导要经常走到教师中去, 多倾听他们的呼声, 关心教师的生活, 从小事做起, 从细节入手, 解决教师在工作、生活上的问题。

4. 关注教育质量, 办特色学校

所谓办学特色是指学校在办学过程中所形成的独特的、稳定的教育风格, 它是学校特性的体现, 是一所学校区别于其他学校的显著标志; 同时, 它也是一所学校的办学理念、办学目标的个性体现。普通小学要充分结合当地的风土人情、自然资源和地理环境等条件, 立足学生、教师、学校的实际走特色办学之路。我校继续坚持以"雅行雅趣雅品, 成就高雅人生"为办学理念, 以"格物致知, 抱朴守雅"为校训, 以"求真尚美, 质朴从雅"为校风, 以"立德修行, 养正育雅"为教风, 以"广闻博学, 知礼达雅"为学风, 努力创设良好的教育教学环境, 使学生得到全面和谐的发展。使每一名教师都体验到教书育人的愉悦, 让每一个学生都感受到校园学习生活的快乐, 在切实推进素质教育的同时全面提高教育教学质量。为此学校抓基础知识, 提高学生对基本知识重要性的认识, 定期为全校学生举行朗诵比赛、速算竞赛、英语竞赛、作文现场比赛、数学综合知识竞赛等活动, 通过比赛评出各学科竞赛小能手并对之进行奖励。学校还时常提醒班主任对学生的基础知识须常抓不懈。这些活动既调动了学优生学习的积极性, 也加大了对其他学生学习的重视程度。这些做法经过几年努力得到了家长及同行的认可。

总之, 我认为, 要想干好一个小学的校长, 首先, 必须做到能踏实勤奋, 耐住寂寞, 扎根课堂, 服务教师; 其次, 在工作上要调整好自己的心态, 加强学习, 勤于思考, 不断提高自身业务水平和管理能力, 要恪尽职守, 乐于奉献, 为人师表, 并随时为学校的发展多作思考, 寻求更好的发展出路。

办学实践——让情怀落地

人生是一场选择。有句话说得好，如果你的方向错了，停下来就是进步。人生总要面临很多选择，只有勇敢地去剖析自己，在反思中去选择最适合自己的道路，才能找到追寻到成功。

初到蕉田小学的时候，我发现自己特别不适应，特别迷茫，心理落差特别大。学生基础不扎实，学习习惯也不太好，我的那一套，讲讲讲、练练练、再总结再练的做法不适合在这里沿用下去。静静思考了好久，我意识到既然自己选择了在这里当教师，既然学生是这样的，那么我就应该适应学生。我试着降低了课程的进度难度，听听学生怎么说，并尝试着课上和他们一起解决问题，而不是自己滔滔不绝地讲下去。课余时间我会和孩子们一起聊天、一起学习，我在若干年后明白了原来和学生这样交流也是可以的，待优生、学困生也可以有光明的未来。我们不能抛弃、不可以放弃任何一个学生，对于许多家庭而言，孩子就是家庭的一切。教育如果不关注人的发展，就不能称之为教育。教育应让每个孩子获得最大发展可能，使孩子有理想、有信念，拥有面对困难百折不挠的勇气，拥有积极的面对人生的态度。

成功，不止于学业。成人，才能成才。事实上，我在蕉田小学带的第一届毕业生证明了，我的汗水没有白流，许多学生每年都回来看看母校，看看敬爱的师长，在电话里，在节日里，总是不忘带来温馨的问候。我明白了让教育是一种情怀，而不是谋生的手段！我们在蕉田小学相聚，共同为了理想而打拼，组成了一个个坚强、坚韧的工作团队。

做有情怀的教育还需要有爱心。有人说："用心灵赢得心灵，是教育的最高境界。"做一名勇于担当、有想象力、有专业精神的教师，真的需要一种做教育的情怀。我们都曾从学生时代走过，对我们影响至深的、让我们念念不忘的首先就是我们的老师，尤其是班主任。班主任的影响无可代替，班主任自身的品格、学识、涵养等因素对学生的影响，是通过潜移默化的过程，慢慢地改变每一个孩子，正所谓"良师益友"。

我成长最快的阶段正是我担任班主任的那几年。那几年我的确很累、很辛苦，但也很充实，很有成就感。记得我带班伊始，进行了一次问卷调查，其中的一个问题是"你心目中的班主任形象"。一来验证哪种影响力对学生作用大；二来鞭策自己，努力让自己成为学生的良师益友。归纳起来，学生的回答有涉及班主任品格因素的热爱教育事业，有献身精神；以身作则，言行一致；平易近人，作风民主。有涉及学识才干因素的知识广博，教学有方；了解学生，善于激发学生自我管理、自我教育。有涉及情感因素的和蔼可亲，平等相待。从这些回答可以看出，学生对班主任的非权力性影响力的渴求是多么强烈！一个好的教师，能带出一批心智健全、积极向上、充满阳光和活力的学生。一个好教师，能给我们多少温暖、多少感动。我想，如果我们每一名教师，都能够用心温暖我们的学生，去包容学生的缺点，原谅他们的年少，认真对待他们的每一点小小的进步，做好孩子人生的引路人，让他们在学校感觉到家的温暖，我们一定就能培养出有爱心并且优秀的学生！

在班主任生涯中，我学会了永远和所爱的学生在一起，用心做好班级的每件事，用真心换真心，成功就在路上。还记得在运动会上，我和学生站在一起，比赛赢了，我和学生一起欢呼雀跃；输了，我和学生一样捶胸顿足，然后继续呐喊鼓劲。仍然清晰地记得，我和学生一起在"做怎样的子女"的主题班会课上泪流满面；在安全感班会课上激情飞扬，为生活在当代，生活在中国而庆幸和自豪；在"别再跟风贬低中国人，别让借口毁了你自己"的主题班会中明白了只有内心强大与坚定，才能做最好的自己。在教室里，在校园里，我的身影无处不在，学生渐渐明白了：老师也有喜怒哀乐。他会恨铁不成钢，板着脸去训你，他也会像川剧变脸一样一会儿又来安慰你、哄着你，领着你来学习，去教你们做人做事。无论什么时候，班主任都在，都会用真诚的爱心与学生架起桥梁。

做有情怀的教育还需要终身学习。学习改变人生，反思成就未来，从一个单纯而快乐的教书人，到勤奋钻研自主课堂，对每一个发生在身边的小事，采取审视、观察、分析的眼光去对待，研究每一个小问题，找到解决的办法。针对教研组管理、班级的管理、学生的管理，要从一点一滴学起，一点点去做好。每天早起，做的第一件事就是告诉自己：今天的我，是这辈子最年轻的自己；所以，一定要做最好的自己！一路走来，记不清楚有多少不眠之夜，在研究教材、教学设计、教法、学生、课堂中度过。把研究成果整理成文字，赫然发现，自己已经有了这么多的做法。

（1）教材的使用。用好教科书，要理解教科书的编写意图，参透理念，充分运用教科书已有的资源进行教学。一方面，教材中提供的有些情景，不论城乡地域的差别，不论学生认知水平的高低，也不论过去、将来，对于学生来说都是相当熟悉的，是可感知的，像这样的情景，我们就可以直接加以运用，如教材中的"科学视野""探究思考""拓展阅读"模块，等等。另一方面，也要根据学生实际及课程标准，对教学内容进行整合、重组、补充、加工，创造性地使用教科书。

（2）教学内容与各学科资源的整合。学生感兴趣的问题已拓展到客观世界的许多方面，他们逐渐关注来源于自然、社会与其他学科中更为广泛的现象和问题，对具有一定挑战性的内容表现出更大兴趣。因此，所选素材要与其他学科进行密切联系，从其他学科中挖掘可利用的资源。

（3）导学案设计。近年来，导学案的设计一改再改，每次都有新的收获。从一课一案到一课一课前预习、课堂探究两案，导学设计从问题模块化出发，以递进性，开放式问题组提出问题。问题串引领，配合典例解析，通过知识导图或思维导图，进行考点精析，思维点拨，从而实现真题再现，易错反馈，规范反馈。课后作业从简单的分层作业发展到有了生活作业，有了趣味作业，有了研究性学习作业，以及使用网络资源的探究性作业。归纳小结从课堂展示PPT，基本方程，基本性质整理过渡到要求学生课后进行阅读整理，温习例题，汇总疑难，总结方法的全方位整理。

（4）授课形式。从五步一查的临帖，利用小组合作机制，构建基本课堂结构，独学、对学、群学，大小展示，总结归纳，达标检测样样齐全。从诱思探究，教师任务引领，学生探究思考，教师引导提升，师生归纳总结，学以致用，到将各种教育教学方法进行有机融合，通过任务引导、疑难汇总、思维导图构建、达标反馈等工作，使得课堂环节减少了，学生更加专注了，效率提高了。对前置性学习，从简单独学、对学指导单，到对疑难的问题进行探究性实验，提前预设小纸条或录制微课小视频，进行更有效的前置学习。对导课，从评价对学效果、点评评分到看视频、看图片，提出生活中的探究问题，提出有思考性的问题等方式，更有效地激发学生的兴趣，将学生注意力迅速集中，产生解决问题的任务驱动心理。

（5）笔记整理。例如，六年级的笔记的整理问题，"一轮复习抓笔记，二轮复习抓错题，三轮复习抓归纳"。整理错题本时要把原题和错解都抄上，要将前一天的错题和当天15分钟做不出来的题记录在错题本上。周末的时候做错题分析，该分析需要做两件事情：记录错误的原因和正确的解法。错题本主要完成查缺补漏（作业检查孩子的应试能力，错题本完成查缺补漏）。一个人如果不知道自己哪里没学好，怎么复习呢？所以错题本相当于飞机的导航灯一样，指明前进的方向。错题本能够指引自己查缺补漏。三轮复习抓归纳，构架思维模型，树立分类解析意识，强化做题规范。

总之，要让学生主动、自觉、自愿、自主地学习，让学生的个性得以彻底解放，创新能力得到提高，学生愉快学习，幸福成长，是我作为首席教师的奋斗目标，终身学习是我行动的要求。学生是成长的，我就是快乐的！

第 五 章

做研究型的教育

曾爱辉

教育是一门艺术，教师就是这门艺术的执笔者，但真正能够创造出艺术的不是教师，而是学生。因为我们每个学生都有自己的潜力和能力。教育是一盏点亮人生的灯。让学生"学会做人，做一个真正的人，做一个高尚的人，做一个堂堂正正的人"。是我们教育工作者的最终目标，需要我们用自己的行动和心灵去点亮自己，并点亮学生。我们的工作没有奇迹，只有努力的轨迹；没有运气，只有坚持的勇气。只要我们用心去做，用行动去点燃，我们的教育之路一定会越来越宽广和美好。

教育理念——研究型教育的萌发

师德为先专业为基，三维并进促成转变

师德是教师及其他教育工作者在教育活动中必须遵守的道德规范和行为准则；是教师执业的灵魂，是教师人格特征的直接体现。我认为，教师所从事的事业是教育人、塑造人，因此，教师道德素质比教师文化素质更为重要。而在实际教育工作中，一切师德要求都基于教师的人格，因为师德的魅力主要从人格特征中彰显。历代的教育家提出的"为人师表""以身作则""循循善诱""诲人不倦"等，既是师德的规范，又是教师良好人格、品格的特征。在学生心中，教师是社会的规范、道德的化身、人类的楷模、父母的替身，学生都把师德高尚的教师作为学习的榜样。因此，要"为人师表"，必先涵养自己的品德，才能成为学生的表率；教师要用自己崇高的理想、坚定的信念、高尚的情操、规范的行为潜移默化地去感化学生、影响学生，使学生心灵纯正。我自担任学校教师、校务领导职务以来，自始至终都在思想和意识上十分重视教师这份职业的神圣性。在工作中，我不断提醒着自己：身为人民教师，尤其是基层人民教师，应该要认识到自己工作的特殊性和重要性，更应该要锤炼爱党爱国爱校意志、培育优良政治品格、塑造自身道德品质。我坚定地认为，对于教师来说，工作作风与职业素养决定了教育教学的总体水平和综合质量，培育师德是教师开展一切工作的先导。

在党的二十大胜利召开之后，作为一名光荣的共产党员，我以惠阳竹贤学校副校长的身份，开始着手在本校对党的二十大精神的学习宣传工作，尤其加强对于党的二十大报告中有关"办好人民满意的教育"相关内容指示的重点学习。党的二十大报告还指出："育人的根本在于立德。全面贯彻党的教育方

针，落实立德树人根本任务，培养德智体美劳全面发展的社会主义建设者和接班人。"这为我指明了方向，令我感慨万千。教育的根本在于立德，而立德以立师德为先。在长期的义务教育阶段教学与管理岗位上，我始终坚持党对教育工作的全面领导，同时以习近平新时代中国特色社会主义思想为指导，全心全意付出、努力做好基层教学与管理工作；而在日常的生活和常规教学之中，我也一直以社会主义核心价值观作为自己为人处世、待人接物的指导，同时严格遵守《中小学教师职业道德规范》的要求，努力塑造具有个人特色的师德风范，并以此来带动全校师生共同重视品德素养培育。

一名教师要能够做好教育工作，专业的教学指导能力也是不可或缺的。我认为，一名人民教师应当同时具备专业眼光、专业技能和专业品质，由此才可以说教师有了成熟的专业能力。专业眼光，是指教师应当拓展教学视野、提高思想理论高度，利用教育的专业眼光来审视和解读各种教育和管理现象，同时把握好自身作为"教育者""指导者"的角色定位，以强烈的教育意识将自己的教育行动渗透生活和校园的各个角落；专业技能，指的是教师在面对学生群体和教学任务时，能够以教育的独特方法与策略来对待、完成和解决，形成具有自身特色的专业教学模式，进而体现为个性化的教育艺术；而专业品质，则是指教师能用教育的理想信念要求自身的各个行为细节，并形成自律与自立的专业精神，能够不断严格要求自己、持续提升进步。

为了促进自身掌握成熟的专业能力，我积极参与到"促进教师专业化的三个转变"之中。

一是由通识培训踏入专业课程，增强自身专业眼光。企业的员工必须经历几个月的专业培训才能上岗，而在教师这个职业，理应更加重视专业课程的学习。超市营业员的专业培训，必须训练如何微笑、如何说话、如何推介新品等，哪怕是一个简单的微笑，也要练到任何时候都露出8颗牙齿为止；而教师的职前培训更偏向于通识培训，缺乏对于教师在教育指导方面的针对性。我始终坚持参加和组织各类教师专业课程，从"面对一个犯错的学生，如何说第一句话""看到一个踩水的孩子，可以有几种方法让他停下来""如何解读一个3岁孩子不断从花盆里抓土的行为"等细节入手，增强专业意识、培植专业眼光，从而使自身与周边教师具有有别于一般家长的教育敏感度和教育专业觉悟。二是由关注学科到聚焦学生，着重发展自身的专业技能。对于"教师专业发展"，人们往往关注教师的学科教学能力，通过学校所举行的各类研究活动来提高专业技能、引导教师集中于学科教学研究，很少有学校或教师将焦点聚集在"研究学生"这一方面。殊不知，越是面对低年龄的学生，越需要对"人"的研究，而不是对"学科"的研究。传统中医的专业体现在对病人"望、闻、问、切"的能力上，他们能从病人的脸色、舌苔等肌体变化中，专业地诊断出病人的病症及病因，从而让人信服；而我始终将"研究学生"视作自身专业化成长过程之中的必由之路，在面对问题儿童和学生群体时，着重探索科学、有效、直观的观察方法、测试方法和分析方法，并且着力于通过观察、测试和分析得到反馈，根据反馈进行专业的分析与诊断，"对症下药"，"精准滴灌"，开出矫正的"药方"。三是从规范实施到专业自主，提升自身的专业品质。我始终认为，教师的专业自主权是教师专业化程度的重要标志，我拉长视野、放远视角，没有停留在"课程计划规范实施"初级阶段，而是不断强化自身在"课程开发自主权""个性化课程塑造""创造性实施自主权"等方面的专业自主权。通过强化专业自主权，我的工作积极性得到了有效提高、教育创造性得到了切实提升，同时也获得了新的发展空间、收获了无与伦比的成就感，进而走向真正意义上的自由、独立、充分的专业化发展之路。

爱岗敬业不断创新，坚定信念砥砺前行

　　我爱岗敬业、追求上进，认真履行、遵守教师职业道德规范和学校的各项教学制度要求；我不断创新、乐于奉献，严格执行国家教育政策方针、学校教学安排计划，遵循教育教学规律努力探索新的发展方向；我坚定信念、为人师表，始终不忘自己的共产党员身份，积极坚持"先进带后进"，起到模范带头作用；我奋勇拼搏、砥砺前行，在教学中把工作和学习结合起来，珍惜每一次学习的机会，努力提升自身的专业素养和技能，遇到困难和问题时勇于挑战、思考解决办法、采取有效对策，这使得我的教育工作有了新的气象。

　　所谓"学高为师，德高为范"。我不仅聚焦于自身的师德培育和专业成长，更是对"教师"这份职业有着自己深厚的感情；我的父母就是教师，从小

深受他们的教导和影响，我一直以来都将教师看作一个伟大的职业，是我毕生所要追逐的梦想。因为爱这个职业、爱这份工作，我不断积极地在教学领域创新拓展；19年过去了，看着惠阳竹贤学校春去秋来、面对工作生活中无处不在的诱惑，我从没想过离开。我常常自我调侃："自己除了教书，什么也不会！""教书"两个字看似简单，但实践它的过程中却免不了艰难，我没有被困难吓倒，而是不断创新、挑战突破、坚定信念、砥砺前行，收获了许多意想不到的乐趣与成就感。我认为，只有心怀对岗位、对学校的感恩，才能播撒爱的种子；只有不断创新，课堂才能焕发无限的活力；只有不断学习、自我成长，才能不墨守成规、跟上教育现代化的时代步伐，书写属于自己的华美育人篇章。

我的很多同事、领导都评价说：曾爱辉是一名富有爱心的教师、一名教研型的教师、一名意志坚定的教师，更是一名勇于拼搏的教师。因为有爱，所以爱岗敬业，我的学生不仅对我有着深厚的感情，更能自觉遵守学校的各项规章制度，让文明之花于班级、校园绽放；因为立志钻研，所以创新进取，我在任教数学、担任学科带头人的路上，多个负责研究课题屡获大奖，对教育信息化技术发展先知先觉，自学制作CAI课件，提高了教学效率、激发了学生学习兴趣；因为意志坚定，所以坚守信念，我始终坚持党和国家对于教育工作的总体安排和指导，积极参与街道组织的"示范课"及"送教下乡"的活动，以娴熟的教学技巧、先进的教学理念，淋漓尽致地体现新课程、新课改的精神；因为勇于拼搏、努力前行，我在面对教学管理中的重点、难点问题时，不断推进书本知识与现实生活相结合，着重为学生创设富有生活气息的学习情境、培养学生的探索精神，使得课堂教学水平有了质的飞跃。

立足细节以身作则，统揽全局潜心教管

我始终坚信，成败源于细节，在教育工作中只有抓好每一个细节，才能真正取得成绩、收到效果。我在担任学校数学教师、教研组长和数学科组长期间，始终坚持以课堂作为自己教学的"主阵地"、自身成长的"主舞台"，在

进行班级授课时不断认真做好每一节课程的前期备课工作，在课堂教学的开展过程中纳入依托云网人人通的微课、小组合作学习等先进的教学模式和教学方法，同时欢迎其他教师在旁听之后通过团体评议、同课交流等方式给予我充分的意见和科学的评价，而我也对同行的意见进行认真记录和积极反思，找出自己教学工作之中做得不好的地方，自主思考并集体商讨得到解决对策，形成可迁移应用与参考的宝贵经验。尤其在"双减"政策持续深入推进的大环境之中，我更是以身作则，将数学课堂教学场域有机延展至学生的课后数学学习之中，突出优化自身的教育教学服务水平，在切实减轻学生课业负担的同时带动学生集体共同成长；我将"数学课程不拖堂、数学作业分层次、学习任务可完成、学习负担不加重"作为自己教学改进的方向，在课堂上不断创新各种具有动态化、智能化、趣味化特色的教学方法与教学环节，在课堂教学后深化数学学科下家、校、社协同育人体系的建设，取得了良好的效果。与此同时，我在面对教学过程中出现的新问题时，也没有以自己的能力不足等借口来搪塞敷衍，而是自己查找资料、阅览文献、观看课例，与其他教师分享我的教学感悟和经验，同时就具体的教学问题来分析探讨最佳的学科教学模式，将各种不良迹象和问题"扼杀于源头"，保证各项工作顺畅开展。

而我在担任年级主任、教导主任，尤其是副校长之后，则深切地感受到统揽全局的重要性，身为教育工作者，应当"抓落实从细节做起，优管理从全局出发"。任学校领导职务以来，我充分重视本校各年级、各学科教师的教学研究和学生学习总体管理工作，抓实抓牢"教研工作以做好常规为基本，以创新提升为追求"的内涵要求，潜心于教学管理总体工作之中，明确指出本校教师在日常教学中要安排好科学的教研活动时间和内容。为此，我与学校校长、其他管理层领导以及各学科教学带头人共同商讨并认真设计，以同课异构、素质教育等目标贯穿每次教研活动；安排以"抓好学生常规学习活动"等为主要内容的组内教研，设计同年级学科课堂教学探讨会、教研说课活动以及后续的反思议课论课活动，最终带动教师集体形成中期和总结报告，形成书面化、可参考的教学创新范式。在经过这一系列科学完备的教研活动过程以及常态化、长效化的教研模式历练之后，我校各学科教师的总体教学水平都有了不同程度的提升和发展，总体教学管理模式焕发出了新的活力，呈现了新的样态。

以生为本倾注情感，言行垂范助力成长

教师既是知识的传播者，又是文明的传承者；既是人类灵魂的塑造者，又是人类社会发展与进步的开拓者。与此同时，教师更是年轻一代健康成长的引路人和光辉典范。我始终认为，教师的言行是对学生影响最大的现实因素之一，教师的言行不仅影响着学生学习状况及其效果，而且影响着学生人格等心理品质的形成，乃至影响学生心理健康。因此，我在教育工作之中坚持"以生为本"的教育理念，在学校、课堂之中着重倾注自身的情感、规范自己的言行，使得班级和学生群体中间能够形成良好的心理环境与学习氛围。

我坚信，"以生为本"就是倾注情感、热爱学生，热爱学生就是热爱教育事业，所以教师对学生的爱是神圣的、高尚的。教育是爱的共鸣，是心与心的呼应，教师只有用爱去关心学生，才能教育好学生，才能使教育发挥最大限度的作用。而这种爱，亦是教师教育学生的感情基础，学生一旦体会到这种感情，就会"亲其师"，从而"信其道"，也正是在这个过程中，教育实现了其根本的功能。回忆起自己读书时候的情景，那时我会因为喜欢一位老师而喜欢一门功课，同样，也曾因不喜欢一位老师而不喜欢那门课。我想，一个被学生喜欢的教师，其教育效果总是超出一般的教师。

韩愈在《师说》中提出："师者，所以传道、授业、解惑也。"由此出发，我始终认为教师不但要传授学生文化知识，也要以良好的精神面貌来关心爱护学生，更要教给学生做人的道理。但长期以来很多学校、教师的教学理念出现了偏差：不知从何时起，教育偏向了文化知识的传授，而忽略了传授做人的道理；注重了分数的取得，而忽视了学生首先是作为一个人而存在的。我在意识到这种不良倾向后，更是把握和参透了"以生为本"的深刻内涵：教师应当将目光从学生获取高分转移，把学生作为一个人——一个有感情、有思想、有主见的有血有肉的人来看待；要教会学生用心去感受生活、感受人，抓住生活中的一些契机让学生从实践中学会辨别是非、学会做人。唯有如此，未来学生的学习生活以及教师的教学工作才能够顺利科学开展。

如何做到"以生为本"、关爱学生呢？我认为教师应当以自己的一言一行让学生感受到实实在在的温暖。苏联教育家苏霍姆林斯基认为，"鼓励学生、让学生感受到鼓励的欢乐，是一种巨大的情绪力量，它可以促进学生勤奋学习的愿望"；此外，他也强调"请你无论如何不要使这种内在的力量消失，一旦缺少这种力量，教育上的任何巧妙措施都是无济于事的"。具体来讲，教师首先在管理学生时应当多一点鼓励、少一点挖苦，帮助学生迈出成功的重要第一步，要重视每一句鼓励的话，以自己的公正表扬来开启学生以往紧闭的心扉。教师要转变对于个体学生的刻板印象，帮助学生，尤其是学困生发现自己的长处，找到其在不为人注意的方面存在着的明显优势，耐心引导他们扬长避短。最后是要关心学生学习、生活、成长的方方面面，尽最大可能避免自己"缺席"学生成长道路上的各个时刻，让学生能在教师的指导、激励、关怀之下，感受到背后总有人在默默支持着自己、爱护着自己，不断激发和促进学生的自信心成长，并最终帮助学生走向成功的彼岸。

昨天的孩子，课本是他们的世界；今天的孩子，世界是他们的课本。身为处于课改大潮中的一名普通教师，该以什么样的态度面对今天的教育？我始终认为，应该以正确的态度面对自己的事业、面对自己的工作、面对自己的学生；全身心地去研究课程、教材、教法，让自己的教育教学水平得以提升，做到德才兼备；以自己的言行来为学生垂范，让每一课的知识变得生动有趣，以此培养学生的能力、带动学生全面健康成长。在多年的教学工作中，我始终牢牢抓住改革发展机遇、优化自身教学精神面貌、刻苦钻研课堂教学艺术，争做善于爱人的生本型教师、善于吸收的学习型教师、善于研究的反思型教师、敢于探索的创新型教师。

成长历程——研究型教育的发展

聚焦授课教研，提升专业能力

作为一名数学老师、一位扎根基层的教育工作者，我首先聚焦于自身课堂授课能力、素养的学习提升。借助教育改革的东风，我认真学习新课程标准，认真钻研教材、教法、学法，利用网络资源查阅名师文章，观看名师教学课例，积极参加外出听课、评课、学习等活动，从而开阔视野，提高认识，提升理念，形成自己的教育教学特色。在教育教学过程中，我锐意改革，大胆创新，勇于实践，用自己的智慧、爱心，努力践行我校高效课堂"四环九步"教学模式，高质量完成了各项教育教学的任务，所任班级的学科成绩连续两年名列学校同年级前列，赢得了家长同行的一致认可。我深知：教师不研究，教学就会凝固；唯有科研才能"兴师、兴校、兴教"。我积极倡导教师既要奉献从教，又要探索新知，树立终身学习的观念，要科学管理，严谨治学，要有干一行精一行的勇气，不故步自封，在平凡的工作中创一流业绩。

2013年7月21—24日，我参加教育部组织的"教学点数字教育资源全覆盖"项目骨干培训者培训，以合格的成绩通过培训，顺利结业。2020年7月21—29日，我在惠州城市职业学院参加了由惠州市教育局主办的"2020年惠州市小学校长暑期研修班"各项课程，根据要求完成了课程学习。2020年9月11日至14日，我参加了广东省教育厅举办的"广东省'强师工程'中小学幼儿园教师、校（园）长省级培训"师德师风专项培训项目，以合格的考试成绩顺利结业。2020年10月，我参加了由河北衡水中学组织的"卓越教师短期培训班"，并完成了所有教学培训计划中的全部课程。2020年10月29日，我以代表的身份参加了中国少年先锋队惠州市第六次代表大会，聆听习近平总书记的嘱托，学习和把握惠州市少先队工作的发展方向。2021年6月5日至8月31日，我参加了第五期全国中小学校党组织书记网络培训示范班，完成了全部学习任务且考核合格。2022年9月，我参加了由广东省教育厅举办的"广东省'新强师工程'中小学幼儿园（含特殊教育）教师、校（园）长省级培训"中的"中小学骨干教师信息化教学创新能力提升示范培训"项目，在参加了集中面授与网络研修后，以合格的成绩通过了综合考核。

所谓"一分耕耘一分收获"，辛勤地付出、努力地学习，使我收获了一些成绩：1999年及2006年，我两次参加惠州市说课比赛，均获二等奖；2002年，我参加惠州市优质课比赛获二等奖；2004年9月，我获评惠阳区"优秀班主任"；2008年9月，我获评惠州市"乡村明星教师"；2013年1月，我被评为惠州市"首届全国中小学信息技术教学应用展演"工作先进个人；2022年9月，我被评为"惠州市优秀教师"。此外，我所撰写的论文有9篇分获惠阳区一、二、三等奖，3篇获惠州市二等奖；制作的课件、撰写的教学设计、论文在广东省计算机教育软件评审活动中分获二、三等奖7次；执教的课例"三角形的分类"获省优秀奖；撰写论文《促进学生自主学习的教学策略》，发表在《广东教育》上。

要实现基层教育的高质量发展，一支高质量、高水平的教师队伍是必不可少的，而要打造高质量、高水平的教师队伍，就必须重视教研活动的开展，强化教师的教学研究能力。为此，我以身作则、一马当先，不仅是为了自身的成长和进步，也为了教师和学校整体的发展，持续深入教研探索，取得了良好的工作成效。在校任职数学教师、教研组长等职务期间，我积极参加和组织学校的教研工作、认真履行教学组教研组工作安排，以"科学备课""高效上课""优质评课"为自己的教研目标，不断优化并整合备课、上课、听课、评课等基础性的教学工作，同时积极参考本校整体学科课程安排规划、最新课程标准和现代化教育教学理念，持续开展多种教研活动，有序扎实地落实每一个教研环节，带动了本校学科教学持续提质增效。

教师不研究，教学就会凝固。因此任教以来，我积极参与各项教研活动，也取得了较好的成绩。我参与的课题"小学数学创新教学与创造力培养研究与实验"获惠阳区首届教育科研成果评选三等奖；负责的省级课题"运用网络资源，优化低年级数学课堂教学"获惠阳区第三届教育科研成果评选二等奖；参与的区级课题"小学数学小组合作学习的策略研究"获惠州市第六届教育科研成果评选二等奖。参加叶国娴老师主持的课题"小学数学小组合作学习的策略研究"获惠州市第六届教育科研成果评选二等奖；2013年7月曾参与中央电教馆组织实施"教学点数字教育资源全覆盖"项目骨干培训者培训班的培训，回来后作惠州市"教学点数字教育资源全覆盖"项目专题讲座1次。近几年，我担任学校教导主任以来，引领我校其他教师充分利用课题研究已取得的成功经验、努力提高各年级各科的成绩，近几年来，我校各科成绩稳步提高。连续两年，我校在惠阳区教学质量评优活动中获特等奖。对我来说，教研工作"永远在路上"，教学研究不能止步不前、必须开拓创新。如今，我主持了省级电教课题"网络环境下小学数学自主、合作学习的研究"，开题以来按照课题研究的方案引领实验教师开展研究，从"组织实验教师认真学习课题方案""学习有关理论知识""举行同课异构的教学研讨课和课题研讨课""组织实验老师参与听课评课"等项教研活动入手，现已取得了一定的成绩。

自我积累延展，对标改进提升

在多年的教学工作中，我始终思考着将数学课从"理性思考"的范畴中跳脱出来，不断赋予它丰富的美感与独特的魅力，但是要达到这一效果又谈何容易。我知道怎样让学生好好听课、好好写作业，我也知道怎样让学困生尽量在课堂上听懂，尽量不补课或者少补课，但我仍旧时刻提醒自己"教书育人远不限于此"，要走向成功就不能仅仅做一个"知识的传递者"。从这样的认识出发，我开始不断自我学习、自我提升。我认为"学养源自积淀"，一名教师所展现出的良好职业素养与专业教学能力，一定不是在一朝一夕就能"修炼而成"的；除去参加各类党团、政府和学校组织的学习培训活动外，教师个人还要注重不断自我积累、延展视野思想、对标改进提升，使自己能够跟上时代和教育变换的步伐，满足学生的学习成长需求。为此，我在多年的教育岗位上始终保持着以下的一些学习习惯。

一是广泛阅读，择善而读。"书籍是人类进步的阶梯"，而我认为，一名教师如果脱离了书本、脱离了教材，他教书育人的种种行动也就成了"空中楼阁"。我在学生时期就非常喜欢读书，尤其是走向教师的工作岗位之后，我更是广泛涉猎从教育学到心理学、从普通教育到数学教学等各个方面的书籍，以增进我的知识理论储备、涵养自己的气质。当然，我也没有忘记自己在上课时所讲的教材，每个学期一拿到新教材，我都会全本阅读5遍左右并做好圈画、记录，以致经常到了期中时我手上的教材就有些破旧了。所谓"常读常新"，通过一遍遍阅览和思考教材内容，我得以不断从学科和单元的整体角度出发考量数学教学工作，在抓牢教学重点难点的同时抓住教学内容的每一个细节。除去我所教授的教材版本外，我还经常会读一读其他版本的数学教材，甚至是《线性代数》《微积分》等高等数学教材，以此来丰富知识积累、形成"大数学"知识框架。此外，我还积极阅览与教学相关的论文和理论材料，如我校和其他学校获奖的优秀数学教学案例，《数学教师理应具备的几种视角》《教什么比怎样教更重要——从教材到学材的构想》等优秀数学教师的论文等，在学习他人先进思想理论、教学经验心得的过程中，我也逐步提高了教学引导能力，增强了动态评价能力，提升了激励服务水平，形成了深度互动的教学样态。在这种广泛阅读、择善而读的阅读习惯带动下，我逐渐形成了丰富的知识背景、开阔的认识视野和厚实的文化积淀，进而提升了课堂教学品质、提高了课堂驾驭与动态表现能力。

二是自我延展，不断拔高。我始终认为，人要取得进步和成长，就不能重复别人、更不能重复自己；一名合格的教师总能上好一堂课，但是上出特色、上出风采，走出别人未曾走过的路，让别人从你的探索中获得启迪，这才是教师应该努力的方向。我始终坚持"人无我有、人有我新、人新我精"的进取精神，坚持不断在延展创新和拔高的教学探索之路中上下求索。我求索构建凸显数学学科的文化特色，注重以数学的源头、数学的历史、数学的精神来为学生展现出源远流长的数学画卷、彰显出数学课堂感性与理性兼具的气息，我在数学课程教学之中不断引入各种趣味历史故事、各类数学历史人物，带动学生在学习探究之中代入人物故事中去，体会研究成功的感觉、生发无尽的精神力量。我"求索"智慧化信息化课堂的建设，将其他优秀教师的课件与自己所制作的课件进行对比，不断修正自身的教学视角，以多维度的形象来展现出数学知识原理的美好自然状态，为学生提供优美音乐、丰富画面、经典语言、拓展内容，同时不断"突出核心、抓住重点"，不让学生在信息化学习之中陷入"眼花缭乱""无所适从"的学习境地，能够更好地实现学习提升。随着时代的发展与教学方针的优化改变，我也在不断调整着自己前进的方向、做好"动态拔高"的工作，如党的二十大以来，我紧紧抓牢党的二十大报告中提出的"立德树人"教育根本任务，不断推进我校各学科思政化教学改革和德育渗透工作，带动党的二十大精神"进校园、进课堂、进头脑"，这使得我、使得学校能够真正走在时代前沿。

三是对标改进，稳步提升。孔子有言："三人行，必有我师焉。"在学校的教学管理工作中，我深知自己还有着提升空间，并没有妄自尊大、止步不前，而是与我校其他优秀党员、先进教师个人以及其他学校优秀教师同行，从学习他们身上的优点、闪光处出发，锻长板、补短板、固底板，不断反思并改正自己在各方面的工作问题，进而实现个人素养以及专业能力上的提升。我经常参加我校或其他学校优秀教师的教学旁听活动，通过对其他教师动态教学过程的观察、学习和反思，我不断寻找自己与其他教师之间的差距、寻找解决教育问题的答案、吸收其他教师的优点和长处为我所用。如在参加全国名师张齐华"圆的认识"数学课听课活动时，我从认真聆听张老师的成长经历开始，感受他"勤于学习、善于思考、敢于创新"的精神特质，进而把握他"阅读能让人的眼界不断开阔，阅读能让人有与众不同的思想和见地，阅读能让智慧和灵动充盈整个课堂"等"成功秘诀"；走进并解读张老师的数学课堂，体会他的数学"温情"，倾听他的数字"旋律"，我充分感受到"风格产生魅力，魅力启迪智慧"的教学真谛，坚定了当一名教师尤其是一名数学教师的信心。

开展帮扶辅导，实现集体进步

对与我朝夕相处的教师群体，我也注重通过帮扶和辅导青年教师来提升他们的教学专业水平。我作为"广东省小学数学骨干教师培养对象"、惠州市"教育拔尖人才十百千工程"名教师培养对象，甘为人梯，积极帮助青年教师成长，平时也积极参与指导青年教师的常规教学，通过听课、评课、指导来实现辅导工作有序科学开展，甚至亲自为青年教师上示范课。青年教师要上公开课或参加说课、优质课比赛时，我亲力亲为地帮忙做课件等各方面的指导与跟踪。有些人对我这种行为不理解："曾老师，你平时工作这么忙，怎么还有时间去帮其他老师做指导呢？"我笑而不语，因为我知道，"送人玫瑰、手有余香"，在帮助年轻教师参加说课比赛、进行教学研究的过程中，我也逐渐吸收其他教师的教学理念和观点，这使得我的个人教学体系变得更加完善；通过帮助其他教师发现研究错误、纠正教学偏差、优化教学理念，我也能够从综合全面的角度思考和创新新时代教育形式变化下的应对新方法，并且从其他教师的工作中"反求诸己"，获得新的提升与进步。

我经常会在学校内开展各项主题的课题研究培训讲座，以此来帮助其他教师实现专业成长。针对一些教师对课题申报程序了解不深入、不清晰而未通过，不知如何修改纠正的问题，我通过培训讲座从"课题名称"到"课题论证"再到"申报书细则"等对课题研究具体内容进行了详细的阐述：在"课题名称"方面，我对教师强调要突出规范、科学、学术三个方面的特征，同时对课题名称进行与论文名称之间的有意区分，保证课题研究性质不跑偏；在"研究背景"之中，我悉心指导其他教师要明确研究填写内容、划分与"研究现状"之间的界限、创新和提炼研究之中的思维路径，以解决"为什么进行这项研究"这个根本问题；在"研究内容"部分，我也会根据不同的研究主题、学科特点与研究方向来为教师提出大致的研究细化内容，以便为其他教师的研究提供清晰明确的参考。通过我的耐心指导与帮助，参加课题研究的教师纷纷认识到了自己的问题，其教研专业能力也得到了提升；我在对其他教师进行辅导时，也进一步升华了研究意识和理念，这使得我的教研水平也得到了提高。

经过多年的辅导和指导工作，我所帮扶的青年教师马冬梅、叶宇、叶瑞双3名青年教师，已经能独当一面了。他们参加惠阳区优质课、说课比赛时，均获得了好成绩，在学校也经常受到领导的表扬，所任班科的教学成绩也排在年级的前列。我指导叶宇老师参加优质课比赛，助其荣获惠阳区一等奖、惠州市二等奖，个人参与评课获二等奖；指导叶瑞双老师参加优质课比赛，获惠阳区一等奖、惠州市二等奖，个人参与评课获一等奖。其中，马冬梅老师已成为区"名教师"培养对象；叶宇参加2010年惠阳区高效课堂教学比赛获一等奖；叶瑞双参加2011年惠阳区说课比赛获二等奖，2012年参加惠阳区青年教师优质课比赛获一等奖。随着教师同行慢慢成长、逐渐强大，我也收获了更加丰富的教研指导经验和实际研究理念，从而使学校的教师队伍获得了共同的进步与提升。

办学实践——研究型教育的落地

立足课堂，挥汗三尺讲台

在担任小学数学教师期间，我深切地体会到基层教育工作的辛苦和教育任务的艰巨，而随着时代的发展，义务教育课程标准、国家教育政策和现实社会环境也在不断变化。站在三尺讲台上，望着台下一双双渴求知识、盼望成长的眼睛，我也感受到自己责任之重大。为了尽可能地满足学生的学习需求、帮助学生发展，我不断贯彻苦干、实干、巧干的"三干"精神，在讲台上挥泪挥汗，持续筑牢自己数学课程教学的根基、拓展思想品德教育的内容，使得自己的教学工作得以不断进步，"教"出了浓浓师生情、"教"出了课堂新气象。

在以思想品德教育培养学生的综合素质方面，我并没有"硬死板"地对学生"摆证据""讲道理"，而是组织了一次次的主题活动，让学生在沉浸式的体验和互动中逐渐转变观点、改变行为。例如，为了教导学生尊敬长辈、礼貌待人，我就设计了一堂别开生面的班会课。我作为评委和指导老师，首先组织学生上台演了一出小品：妙婷同学饰演"奶奶"，旁边还未上台的，有饰演"妈妈"的景美同学和饰演"孙子"的文杰同学，一家三口引出一幕"尊敬长辈"的故事。

演出开始了，"奶奶"躺在床上呻吟着，不时传来一阵阵咳嗽声。原来"奶奶"几个月前摔了一跤，摔成骨折了，"妈妈"却不送她到医院诊治，几个月仍卧床不起。突然"奶奶"翻了个身，说道："求求你了，给点水喝吧！我快渴死了。"可正在洗衣服的"妈妈"好像没听到，仍在低头洗衣服。接着，"奶奶"又喊了一遍，这时"妈妈"扔掉手中的衣服，从水桶里舀了一碗水"砰"的一声摔在"奶奶"的床边，"喝吧！你这个老不死的！"然而这一切被年龄尚小的"孙子"看在眼里、记在心里。

40年过去了，昔日的"小孙子"已长大成人、娶了媳妇，"妈妈"已满头白发，"奶奶"也去世了。不巧的是，有一天，"妈妈"也摔了一跤，卧床不起，"妈妈"口渴了也叫儿子给她倒杯水，可儿子也像当年的"妈妈"对待"奶奶"一样，老妈妈把儿子臭骂一顿："臭小子，我辛辛苦苦把你养这么大，你竟敢这样对我！"儿子对"妈妈"说："你也是这样对待奶奶的。"

小品表演完毕。这时，我审视了全班同学，同学们一脸严肃，露出平日罕有的沉重表情。我适时对他们进行引导："同学们，这个故事给了我们什么启示？请各小组讨论一下。"

在我的引导下，同学们你一言我一语议论开了。有的同学说："这个老妈妈不尊敬长辈，老了遭报应了，她儿子也一样对她，活该！"很快就有更多同学思考并回答："爷爷奶奶养育后代很辛苦的，我们应该尊敬他们。""我们就该尊敬长辈。"

在同学们的意见逐渐统一后，我继续提问："同学们，你们都说自己要尊敬长辈，那请你们说一说，怎么样才算是尊敬长辈呢？"有的同学回答："我们对长辈说话要有礼貌。"有的同学说："我们外出和回家都要和长辈打招呼。"还有的同学说："我们吃东西时要先想到长辈，而且要主动陪长辈出去散步。"大家你一言我一语，课堂一下子变得活跃了起来，同学们把尊敬长辈的道理说得明明白白。

我肯定了大家的各种意见，接着提议，再让同学上台即兴表演。在我的鼓励下，先后有几组同学上台表演，都十分精彩。有的表演"父母上班回家，孩子给他们拿来拖鞋，端上一杯热茶，还有的会上前捶背"；有的表演"放学回到家，及时问候爷爷奶奶"；有的表演"吃东西的时候，先送到爷爷奶奶面前"；还有的表演"扶老人过马路"……同学们各有不同程度的发挥，但无论表演如何，我和其他学生都感受到了表演者满满的爱心和热情，大家报以热烈的掌声。

最后，我放了一首儿歌《我的好妈妈》，这是学生熟悉的一首歌："我的好妈妈，下班回到家，工作了一天多么辛苦哇！妈妈、妈妈快坐下，请喝一杯茶，让我亲亲你吧！让我亲亲你吧！我的好妈妈。"同学们听着听着，不约而同地唱了起来，教室里到处洋溢着浓浓的深情。

开展此次班会课教育活动，我创新了表演、互动和歌曲演唱等不同的教育手段和方法，这是因为，知识和道理光是让学生知道、理解是不够的，教师必须使各种知识道理内化成为学生自觉的行为。教师应该把知识、道理和学生的实践相结合，并通过输入知识道理来指导学生实践；而小学生的思想品德教育也一样，不仅要提高学生的道德认识、激发学生的道德情感，更要重视对学生道德意识的"有机植入"，并加强优秀道德行为的训练。这是因为，如果在思想品德教育中只强调道德标准和规则的掌握，而忽视遵守、培养、形成习惯，那么学生就极其容易出现"言行脱节"的问题，这最终也就致使思想品德教育成了美妙的说教和空洞的清谈了。因此，思想品德教育一定要结合学生的生活实际和心理特点，从大处着眼，从小处入手，进行优秀道德行为的训练。而一旦训练出来的这种行为变成学生实际生活中的自觉行动时，学生马上会受到家长的表扬，反馈到学校再一次受到老师的表扬。来自家庭、学校的肯定和赞许会进一步激起学生坚持的愉快情感和坚定意志。如此反复多次，便会使学生的良好道德行为在更广泛的场合得以深化和巩固，乃至逐渐形成习惯，这样才能真正实现思想品德教育的根本目的。

以爱育人，着眼悉心帮扶

我在学校任数学教师和管理职务期间，不仅和领导以及教师同行打交道，更多的是和学生打交道；无论在课上还是课下，我都以自己的关心、耐心、细心凝结成满满的爱心，以爱来教育和管理学生。久而久之，学生也都与我打成一片，大家都尊敬我、认可我，我也结交到了许多"小朋友"。通过以爱育人、着眼帮扶，我的很多学生改变了以往不良的学习和生活习惯，他们在我的点拨与指导下，也都取得了个性化的发展、走上了各自精彩的人生道路。

我任数学教师的第一年，班级里就有一个非常调皮的学生，他上课总是喜欢开小差、找其他同学聊天，无论教师在讲台上讲什么他都没有办法集中注意力，而且非常活泼好动。看到他的这种情况，我并没有对他严加管教、严厉批评，而是采取了更加灵活适当的方法来帮助他养成良好的学习习惯。我首先给他调整了座位、让他坐在我们班学习较好的同学旁边，并且为这名好学生布置了一点"小任务"：在同桌调皮捣乱的时候及时制止他，并且在他写作业遇到问题时帮一帮他。另外，我还在课堂上特地针对他以及其他学习较为落后的学生，设置了一些简单的课上问答环节，并点名让他来回答，久而久之他也培养起了学习上的自信。此外，我还特地让他来当我们班的"数学作业委员"，每天收集全班的数学作业送到我的办公室，我趁着这个机会也认真表扬他学习进步的地方、针对问题给他一些好的建议。在各种育人措施的带动下，这名调皮的学生逐渐喜爱上了数学，并且慢慢养成了上课认真听讲、仔细思考的学习习惯。直到现在，他都非常感谢我当年的所作所为，尽管我每次都说"这是我作为教师应该做的"，但他还是每年都来看望我，他对我的感谢让我备感欣慰，同时也更加坚定了我要爱护学生、关心学生、"以生为本"的信念。

除去学生学习上的问题外，我也经常关注学生在生活等其他方面的成长。在我入职后的第六年，我们班来了一个男生，这个男生很喜欢耍帅，头发特别长。我觉得长头发不符合《中小学生守则》以及学校日常行为规范的要求，于是想出了一种既不伤学生自尊，又能让他认识到错误并改正的教育方法。我特地挑选了其他教师都去上课、办公室没有人的时候请学生的父亲来到学校，并让这名学生也来到办公室。我当着他父亲的面，跟他说爸爸在工厂上班的不容易、他一定要好好学习孝敬父母，最后父子俩都落下了感动的眼泪。之后，我让他爸爸在下午放学后带他回家，并在路上剪掉这一头长发，他的父亲也向我许诺如实照办。到了晚上，这名男生打电话问我"明天能不能戴帽子来学校"，询问其原因，他说"因为头发太短了，不好看"。我答应了他，但要求他第二天早上先来我的办公室报到。第二天，等他来到办公室的时候，我让他把帽子脱了给我看一看。他摘下帽子，我赞叹地说道："你剃掉长头发之后也挺帅的嘛！你去上课吧，帽子我帮你保管了，放学的时候你再来拿吧。"听到我的称赞后，他也不再觉得自己剃掉长头发后难看了，这件事便顺利解决了。而我之所以先答应他戴着帽子来学校，是因为我知道，如果简单直接地拒绝他的请求必然激起他的逆反心理，因此，应当通过一定的方法对学生加以教育和指导。

这件事情过去几年后，我们班来了一位智力有问题，但很有绘画天赋的男生，在面对这名学生的时候，我站在他的角度为他想各种学习成长的办法：根据每天授课的内容，我特地为他布置了额外的"趣味数学作业"，让他在简单复习巩固课上所学的同时，能够发挥专长创意表达自己。学校举办各类艺术节和绘画比赛，我也让他作为代表积极报名参加，同时让他负责我们班的黑板报创作任务，在他积极参与学校和学习活动的过程之中，自己也逐渐认识到了自己的天赋和能力。如今，他利用自己的专长开了间美术工作室，找到了自己人生前进的方向，他非常感激我当年的帮助，经常在节假日向我发送短信问候，并为我画了一张画像。这张画像就如同我的"锦旗"与"荣誉勋章"，每每向他人展示之时我都非常自豪，同时也会说出当年那段故事。当然，在我的教学生涯中更多的是一些学生的小事。比如有一次，我们班的一名男生因为没有做作业，早上没有把作业交到我的办公室，我请这名学生到办公室向我说明情况。他告诉我说，他没写作业是因为昨晚爸爸带他去喝喜酒了。我相信了这名学生的理由，同时想因为喝喜酒没完成作业也不是他一个人的错，就和他说："你待会儿下课之后把作业做完再回家，先给妈妈打个电话，晚点再回家。"没想到这名男生说道："老师，我早就跟妈妈说好了，今天我会在学校把作业补完再回去的。"我对他的自觉给予了充分的表扬，之后在他补作业时帮他进行"场外指导"，指出他作业里的问题，对他进行一对一讲解。他不仅写完了之前漏写的作业，更是巩固了之前学习的数学知识。

深入学生生活，协同带动成长

一直以来，我都着力将自己打造为"年轻一代健康成长的引路人和光辉典范"，尽管离这样的目标还有一定的距离，但我仍然在不断努力，努力成为我个人眼中"更好的自己"，成为学生眼中"更好的老师"。为此，我不断深入学生生活、定期走访学生家庭，希望以自己的行动来点燃学生心中"好好学习、积极向上"的火种，以家校协同育人的良好样态来为学生营造出优良的学习成长环境。

2014年3月，我担任秋长中心小学副教导主任。为了帮助学生找出学习问题症结，避免学生成绩下降、形成不良的学习习惯，我决定进行家访，并来到了我校三（6）班学生唐同学位于秋长镇茶园顺居村的家中，与学生本人以及学生家长深切交谈，了解学生的具体学习情况并提出建议、给予关怀。在家访之前，我就已经了解到，这名学生自进校以来学习成绩一直不是很理想，虽然教师对其进行过多次的辅导教育，但是效果仍不明显。且该生性格内向，不愿同老师进行交流，沉默寡言，课堂上也从不发言。我和他的任课老师交流过，也和他进行一对一的交谈，发现他性格较为内向，总是不爱说话。

在来到该生的家中和他的母亲交谈后，我了解到，他的母亲经营着一家小店，几乎没有时间管教孩子，孩子逮着机会就会跑到外面疯玩；而他的父亲长期在工厂工作，天天早出晚归，根本没时间关心孩子的成长。由于该生长期不能较好地完成作业、上课经常分神，加上父母对他疏于管教，这名学生成绩一直不理想。而当孩子的父母看到孩子的成绩单时，不是静下来与孩子一起找原因，只是一味打骂，责令孩子不准到外面玩，孩子就在麻将声中做作业、看书。但是在这样的环境下，他所完成的作业质量依旧不高，这也导致他到校后继续受到老师批评，成绩也没有提升，久而久之就形成了恶性循环，孩子失去了学习的兴趣，甚至失去了一个孩子应当有的童真。

在家访过程中我和该生交谈，我发现他俨然一个"小老头"。当我问及孩子："妈妈爱你吗？"孩子毫不犹豫地回答："不爱！"我又问："那你爱妈妈吗？"孩子继续回答："不爱！"孩子那么不假思索的两个"不爱"带给了我太多的震撼。因为孩子无法体会到家长的爱，他自己也就无法好好爱人、拥有良好的心理健康状态，这致使他对任何事情都没有兴趣，进而影响到了他的学习和成长。

为此，我针对孩子的负面情绪以及心理健康方面的问题，首先当着孩子母亲的面，对该生进行了思想教育。我告诉他，你的妈妈从小到大养育你非常地辛苦，她每天除了看管小店，还要煮饭、洗衣服、做家务等，妈妈可能没有倾听到你的心声，但她绝对不是你所想的那样不爱你，只是生活所迫没有时间照看你。在孩子听完我的讲述后，情不自禁地点点头。与此同时，我也对该生的母亲进行了劝导，让其以母亲的身份先设身处地地想想，如果在麻将声中做作业，能做好吗？看书能看进去吗？每天都对着自己的小店，有时间带孩子去书店吗？有时间带孩子感受外界吗？在提出这些问题之后，我先让孩子的母亲好好想一想，之后又和她根据各种家庭教育方面的问题共同寻找解决办法，比如用隔断建一个小书房，挡住外面的声音，让孩子能够在安静的环境中学习等。在共同商讨之后，孩子的母亲也表示，自己会多点时间关心孩子的学习、生活，让其感受到家庭的温暖，同时也希望我会在学校对孩子严加管理。我向该生母亲许诺，自己会尽到作为副教导主任的管理职责，同时也希望她能积极配合学校的管理工作，孩子在家遇到什么学习上的困难时要第一时间与老师、班主任汇报交流，寻找解决办法，共同带动孩子成长。经过这样的一番疏导、劝告与建议，该生开始逐渐敞开心扉，该生的父母也渐渐以自己力所能及的方法来关注、关心孩子的成长，家访起到了良好的育人效果。

　　这样有目的、有计划、有重点的家庭走访工作我做了无数次，了解到的家庭情况和问题越多，我就越发认识到，良好的家庭教育对青少年的健康成长至关重要。文化程度高的家长对自己的子女，都有一套行之有效的教育方法，知道如何对孩子进行学习生活上的指导；这些家庭的孩子往往从小就已经养成良好的行为习惯，有较强的自觉性。而文化程度不高但为人处世有原则的家长，他们对孩子学习上的指导虽有欠缺，但会以言传身教教给孩子做人的道理。这类孩子通常为人不错，心地善良，只要在学习方法上多加以指导，一般也会有较大的进步。但也存在少数家长，他们本身文化程度低，对自己的子女不理不睬。随着年龄的增长，孩子的脾气也越来越大，这些家庭往往已出现"不会管，管不了"的局面。其父母对孩子根本不了解，只是希望通过学校教育来改变孩子。而这样的想法是错误、有失偏颇的，因为教育是一个系统工程，需要学校、家庭、社会的共同参与。我之所以积极参加家访工作，也是希望能够发挥教育系统工程中家校协同这一环的育人作用，以此来做好教学和班级管理工作、搭建起学校和家庭之间"心的桥梁"。通过家访，我也得到了许多收获，实现了向更加了解和关心学生角色的转化。在今后的教学管理工作之中，我也会继续有组织、有计划地开展家庭走访活动，并以此为学校的跨越式发展贡献自己的一份力量。

开拓奋斗，教管同侪共进

　　自从担任学校里的教研组长、学科组长等管理和领导职务后，我逐渐紧抓教学管理工作，学校、年级的整体校风校纪有了较好的改善，学习氛围、校园环境焕发出了新的活力。我在领导职务上不断严格要求自己、处处开拓奋斗，时时将注意力聚焦于学校的教学质量、整体管理和创新发展之上，教师教学、学生学习和校园建设都有了向好的种种变化。在教学管理工作中，我首先强化了自身以及教师集体"以学生为主，以学生的发展和幸福为主"的思想理念，充分重视并积极引导学生进行自主思考、探究和表达，突出对学生的层次化、系统化教育。考虑到学生数学学习基础一般、家庭教育缺位的普遍情况，重视带动学生从深层次的思想层面认识到学习的必要性和重要性，不断优化并推行学生操行纪律守则，带领教师负责监督实行各班定期评比，带动学生从遵守校规校纪开始不断养成良好的纪律意识和规则意识，使学生的自理自立能力和自主学习能力都得到有效提高。此外，我也重视对学生的文明礼仪和道德品质的培育与构建，积极地将中华传统文化中的优良道德传统、社会主义道德价值体系融入学校的各门学科教育之中来，要求自己和其他教师在数学等课程教学中穿插对于优秀国学经典的讲学活动，并且在校园内张贴和展示与社会主义核心价值观、习近平新时代中国特色社会主义思想相关的内容，促进学生的人格素养与道德品质全方位提升。

在担任教导主任、年级主任和副校长之后，我更是重视学校各年级、各学科教师的教学和管理综合工作。我时常教导青年教师，让他们跟着我的步伐共同学习、共同工作，一起进步、一起成长。例如，针对学校一年级教师对于各种数字化教学软件和信息技术操作应用能力不足的问题，我特地对其进行一对一指导，从电脑中各类教学资料分门别类整理、提高备课设计总体效率，到介绍新生学籍录入软件的各种功能以及录入学籍的操作方法传授，再到疫情常态化大环境下教授其他教师使用软件转录和打印核酸检测码，同时自己帮忙教师打印核酸码以保证学生的安全。这种种做法，既帮助教师群体提高了专业教学管理能力，也使得教师的凝聚力有所增强。

针对学生的书写与作业格式规范的教育问题，我专门开展了一次培训活动，我向其他教师分享了自己的教学经验，指出教师悉心育人的态度以及用心的程度，在某种意义上决定了教学质量的高度，因为学生也能够清清楚楚地感受到老师是不是用心在教学，从而影响到自己学习投入的程度。此外，我也向教师指出，所谓"字如其人""细节决定成败"，我们教师不但要会教书本、教知识，更要能引导学生学会学习，要让学生从按照要求写好作业、一笔一画写好字出发，充分重视书写姿势、书写动作和书写格式，并以规范的书写来完成规范的作业。我指出，我们教师一定要在教学中坚定执着、紧抓细节、精益求精，尤其在"双减"政策实施以来做好针对"五项管理"的细化工作，唯有如此才能够"为人师表"，才能对得起教师这份神圣的职业。我校教师在经过了我的培训指导之后，纷纷表示受益良多，要向我学习并深刻反思自己的教学工作。

我会定期带领学校数学教师开展教学复盘工作，同时根据教学总体方针，对教师集体提出关于教法、教材和课程方面的各种意见。有一次，我以"注重内涵发展，提高教学质量"为主题组织了一场教学讲座，在讲座活动中我首先提出问题："当知识、公式远离学生之后，学生还留下什么？"其他教师听到这句话时，眼眶不知不觉地湿润了，大家听到这样的"灵魂拷问"心里不免都有所触动。从这个话题出发，我向教师进行国家有关素质教育以及"五育并举"全面发展理念的解读，并指出当前小学教育"将知识技能传授放在第一、放在最重要，甚至是取代其他能力、情感、思考的位置"的问题，引导教师集体交流看法、反思自己。之后我明确提出，我们作为人民教师一定要时刻反省自己，以"到底有没有真正地去做到爱学生、关心学生"这个问题来进行思考并自我解答；爱学生，不仅是教给学生知识、让学生考个好成绩，更多的是要教会学生变得更加优秀的方法，培养学生去往更广阔天地的能力、知识和素养。我提出，很多老师在刚走上教师岗位时会树立远大目标、立下豪言壮语，但因为家长、社会等外界压力，而慢慢妥协、放弃，最后变得得过且过；所谓"苟日新，日日新，又日新"，大家一定要重视重新审视自己在专业成长道路上的各种问题，避免放松懈怠、随意教学，违背自己教书育人的初衷。随后，我为在场教师提出了提高教学质量的几点要求：一是摆正心态，打造积极向上、奋勇拼搏的精神面貌。要做到不怨天尤人、不妄自菲薄、不自负自大，剔除心中阴暗的负能量，整理自己重新出发。二是不断成长、积蓄力量、展翅翱翔，积极学习教学理念、参考借鉴先进教师教学方法、在常规教学工作开展过程中不断反思改进。三是紧抓细节、脚踏实地，从自己做起，关注学生、关爱学生，注重对知识技能的教授、对数学思维的训练、对情感态度的塑造、对学生问题认识和解决能力的培养，带动教学明确核心素养培育的鲜明指向，让学生除了掌握知识以外，还能成为一个个全面发展的人。在培训讲座的最后，我语重心长地说道："这次讲座以后，大家可能会把我教给大家的公式都忘了，甚至是把我也给忘掉；但是，我希望大家能永远牢记我分享给大家的这些教学习惯和教学方法，这是我们教师的安身立命之本。"教师在听到了我的肺腑之言后，纷纷十分感动，并许下诺言，一定会紧抓"内涵发展"的精神要求，在教学工作之中不断提质增效，为学校教学现代化的发展做出自己力所能及的贡献。

凭着对教育事业的无限忠诚，凭着对孩子纯朴的爱，我在学校这个大家庭中数十年如一日地辛勤耕耘着。从普通数学老师，逐渐成长为学校数学教研组长、数学科组长、年级主任、教导主任，并走到了副校长的岗位上。身上的职责越来越多、肩上的担子越来越重，但我从始至终都以最大的热情、最足的干劲投身于第一线的教育教学工作之中，兢兢业业、任劳任怨、求实创新、敢于拼搏、勇于奉献、团结协作，凭着自己强烈的事业心和严谨的治学态度，取得了许多优异的成绩，也赢得了广大师生的尊敬和爱戴。教育者，非为以往，非为现在，而为将来。没有比行动更美好的语言，没有比足音更遥远的路途。在未来的岁月里，我将继续用自己平凡的行动、用自己的满腔热情投身于崇高的教育事业，继续绽放出一个新时代小学教师的精彩，唱响在三尺讲台上的青春之歌！

第 六 章

做学习型的教育

李晓嫦

作为教育者始终保持学习者的心态，学习，思考，实践。全文分别从思想、经历、实践三个方面对李晓嫦的教育管理成长史进行了详细的阐述。首先，现代教育思想主导，对一直以来所恪守的教育理念进行深入分析和阐述。其次，多年经历的沉淀，详细阐述从学生到教师的身份、意识转变，对其从业之后的进步经历开展了讲述，一路坎坷、一路学习、一路成长。最后，回归教育管理实践，成为校长后对龙田二小进行的改革，找到问题、了解根源、做出决断，并对学校做出长久的、可持续的发展规划。

教育理念——学习型教育的诞生

教育是点燃一把火

爱尔兰诗人叶芝说过："教育不是注满一桶水，而是点燃一把火。"我对这句话十分认可，我认为，只有点燃学生对知识的渴望，培养学生主动学习、主动汲取知识的热情，才是教育的最高境界。教育从来不是一件简单的事情，无论面对任何一个年龄段的学生，都必须给予高度重视，当下，教育更是一件需要经过缜密思考和详细讨论才能加以实践的重要工作，而教育理念，则成了开展教育活动的根本。优秀的教育理念是优质教育的先决条件。现代教育的十大教育理念便成了我开展教育工作的核心支撑，我对其也有着深刻的认识与思考。

我十分推崇"以人为本"的教育理念，甚至十分偏爱这一理念。我始终认为，当前的社会已经由重视科学技术为主发展到了以人为本的时代。教育是培养和造就社会所需要的合格人才以促进社会发展和完善崇高的事业，所以我向来坚持与贯彻以人为本的理念。在我看来，以人为本，并不仅是要以"学生"的身份为本，而是要以学生个体本身为中心，强调对学生的个性、人格、精神、意识的尊重。在实际工作中，我见过许多教师习惯性地将"学生"的身份为教育主体，只关心与学习有关的各种因素，其他一概不管，这是不对的，这会导致"学生"身份与学生个体之间的疏离感越来越强，最终影响到学生的发展。所以，我致力于开发和挖掘学生自身的天赋与潜能，选择将目光放在更远的未来，放在学生人生价值的实现上。

德、智、体、美、劳全面发展的教育理念之所以能够历经几代人而经久不衰，就是因为其在最开始就道出了教育的真谛。德，德行，品德教育，是人之根本，给予学生做人、做事的道理；智，智慧，文化教育，将各学科的知识授予学生，使其掌握、助其理解；体，体育，体育教育，优秀的身体是开展一切学习的前提，势必为学生打造一副健康的身体，助力其克服一切困难；美，审美，审美教育，告诉学生何为美、何为丑，无论是人、事还是物都有其是非美丑的标准，学会辨别，才能让自己变得更美；劳，劳动，劳动教育，劳动最光荣的口号和精神至今传承在神州大地，它教会每个人都要身体力行，践行劳动。

现代教育扬弃了传统教育重视知识的传授与吸纳的教育思想与方法，更注重在教育过程中实现知识向能力的转化以及将知识内化为人们的良好素质，强调知识、能力与素质在人才整体结构中的相互作用、辩证统一与和谐发展。我认为，素质教育就是一场教学目的从知识固化到知识内化的变革，教育的中心工作不再是让学生记住如何多的文化知识，而是让学生根据自己的能力对文化知识进行掌握，并将其转化为内力，供自己所用。所以，我十分强调学生对知识的运用，我看重的是学生更稳定、更持久的发展要素。

创造性是我认为学生乃至成年人所缺失的一种品质，或者说是一种能力，许多学生会自然而然地将自己的思想固定在所给出的例子中，久而久之就形成了一种固化的模式，也就丧失了创新创造的能力。我认为这是不对的，学生本身就应该充满着对未知世界的想象，不应该被固定在某一个框架中。所以，我着重强调以创造性的教育教学手段和适切的教育教学艺术来营造教育教学环境，以充分挖掘和培养人的创造性，培养创造性人才。

现代教育是一种主体性教育，它肯定了人的主体价值，发挥了人的主体性，进而调动了主体的主观能动性。从表面上看，主体性教育和以人为本教育没有什么区别，二者均是以学生主体为重心。但实则不然，主体性理念的核心，注重的是受教育者的主体受到了尊重，"教"始终围绕"学"展开，而后对学生加以深刻的引导，使学生由被动的接受性客体变成积极的、主动的主体和中心。这就意味着，课堂的中心可以根据实际情况进行适时的转变，学习活动、实践活动均能成为课堂的中心。

个性化理念是现代教育理念的重要组成部分，是知识经济时代下的重要教育理念。对现代社会而言，传统的、守旧的、固化的东西已经不再被人们所接受，各个领域都在追求新颖、多元、与众不同，这个社会也需要大批具有丰富而鲜明个性的人才来支撑。本人所任教的小学学段恰恰是培养学生个性化意识与思维的重要时期，这一学校的学生年龄尚小，对社会、对世界仍处在一个懵懂的状态，他们并未经受社会这个巨大流水线的侵蚀，仍然保留着对世界最美好的期待。我致力于将个性化渗透学生的日常生活中，无论学习还是娱乐，都引导学生遵从自己的意愿去完成。

当前时代是一个全新的时代，也是一个空前开放的时代，技术的革新和网络的应用都昭示着传统封闭的教育格局已经完全落后，迫切需要一种开放的新型教育。对我自身而言，从封闭到开放是一个困难的过程，它不仅意味着我要完成教育观念、教育方式、教育过程的开放，更意味着我要实现教育目标、教育资源、教育内容的开放。所以，我格外重视对开放性教育的学习和理解，并且尝试从多个角度去审视这个全新的教育格局。

现代社会是一个多样化的社会，随着社会结构的高度分化、社会生活的日益复杂和多变，以及人们价值取向的多元化，教育也呈现多样化发展的态势。其中最明显的便是教育需求的多样化。比如，家长和学生，他们对教育的需求展现出了前所未有的多元化、丰富性，家长希望自己的孩子能够获得最优质的文化教育、体育教育、美育教育；而学生则希望自己的学习过程是快乐的、丰富的、精彩的。除此之外，教育多样化还表现在教学方式、教学策略、教育手段、评价标准等方面，这些都为教育教学过程的设计与管理提出了更高的要求与挑战。

和谐生态理念是诸多教育理念中最重要但也是最容易被忽视的理念，但其实从本质上而言，和谐生态理念是最基础、最原本、最纯粹的教育理念，它并非强调对自然环境的保护，而是主张把教育活动看作一个有机的生态整体，这个整体包含教育活动的一切内容，如教师、学生、家长、资源、体制、课堂、实践等，通过将这些因素融合统一，最终形成一个和谐的教育生态系统。在这个系统中，每一个机体都能得到最好的照顾，每个机体都是系统的一部分，能够深度融合至教育互动中，最终实现理想的教育。

随着知识经济的来临，学习型社会的到来，终身教育成为现实。现代社会条件下，教育已经不再是一个个体、一个阶段的事情，而是一个关乎社会进步与发展的大事，乃至关乎未来社会发展的每一个环节。系统性理念，是诸多教育理念中最分散、最难以理解的理念，它格外强调对每一个教育环节的关注，它通过对各部门的统一规划、设计和一体化运作，将教育当作一个巨大的系统开展运行，以此满足学习型社会对教育发展的迫切要求。

现代教育的十大教育理念是我开展教育工作的重要支撑，除此之外，我还总结了学生学习的几大驱动。

首先，兴趣驱动。兴趣永远是学生开展学习的内在驱动力，内在驱动力是指在需要的基础上，产生的一种内部唤醒状态或紧张状态，表现为推动有机体活动，以达到满足需要的内部动力。只有在引起学生高度兴趣的时候，学生才能主动地参与到学习中。尤其是对年龄尚小的小学生而言，兴趣是主导其主动学习的核心力量。要想激发学生的兴趣，首先要满足的便是学生的基础需求，强调学生健康、价值观方面的满足，而后逐步引导，展现学习的魅力。

其次，自信驱动。自信作为个体的核心指标，是否拥有学习的自信，将会直接影响到学习的效果和质量。在过去很长一段时间里，教育体系严重消磨了学生的自信心，导致部分学生没有勇气去学习、探究，最终自暴自弃，成为所谓学困生。所以，我格外重视对学生自信的培养，我始终认为只有自信才能让学生真正地成为自己，才可以切实地参与到学习中。

最后，自主驱动。被动学习永远是低效的，而现阶段有很多学生正处于被动学习的状态，一旦离开教师的帮助就无法开展有效的学习，只有教师加以指导才能正确掌握学习思路。究其根本，学生长期以来并不具备自主学习的权利，学习的责任长期被教师揽在自己身上。因此，我常常强调要将学习的责任转交给学生，让学生来决定自己的学习计划和学习目标，教师应当始终处于指导与引导的状态，要为学生创设一个广阔的学习空间，给学生一些机会，鼓励学生去不停地试错，最终在不断尝试过程中获得成长。

何为人，何为育人

何为人，何为育人。即社会需要怎样的人、什么是教育、我们该如何教育。

21世纪，学生不仅被要求能对知识进行理解、反思，还被要求能根据所学知识进行创造。伴随社会要求的不同，教育的体制、目标都在不断发生变化。由此可见，社会需要怎样的人是一个复杂的问题，是一个需要人类不停探索、不停思考的复杂过程。究其根本，社会在不断地进步，人的思维也在不断进阶，从而推动社会需要一个能够适应未来社会并推动社会进步的人。

未来社会是怎样的呢？这是许多人猜想、预测的问题。我认为，未来社会一定是一个以信息技术为基础向外延伸应用的技术型社会，现代社会所应用的信息、数据、网络将会被全面发展，各行业、领域的发展也必将迎来改变，那些依靠简单智商和经验所完成的工作将会被逐渐替代，而那些在现代社会成长起来的孩子所追逐的将不再是简单的物质生活，他们会去追求真正的幸福、寻找存在的意义，而我们当下的教育，则是帮助他们成为自我的独立的人。回到问题的根本，那么新时代的学生该是怎样的呢？

第一，新时代的学生一定是可以独立思考的。回顾过去，在很长一段时间里，学校的束缚、家长的寄托等因素限制着学生独立思考，使学生只能一味地听从安排去完成家长和教师交代的各种任务，而后逐渐产生了学习是必须完成的任务的错误想法。学生无法真切地认识到学习的重要性，也从来不去思考学习是否会对未来产生影响，只是像一个机器人一样完成学习的指令。诚然，此种教育方式也的确为我国现代化发展形成了一定的助力，为社会建设培养了大量人才，造就了如今的美好局面。但是在新时代下，我国的教育重心已经发生了巨大的变革，现代社会已经不再需要只会听从指令的机器人，而是需要一大批拥有自己独立思想的现代人才，这些人才需要清楚地认识到自己需要什么，明白现代所进行的努力是否会对今后的生活有所帮助，自由地选择自己的理想和职业，进而推动我国社会的开放化、多元化。

第二，新时代的学生一定怀着求进的精神。现代社会是一个开放多元的社会，大量的社会文化充斥着人们的生活，其中难免掺杂着部分错误文化，如丧文化、"摆烂"文化、"躺平"文化，现代社会的包容性无法对这些文化加以干预，只能依靠教育来劝诫学生远离这些文化。对现阶段学生而言，网络世界的诱惑是极大的，也是最容易受到不良文化侵扰的，一旦在幼小的心灵中埋下了不求上进的种子，势必影响其一生。因此，新时代的学生一定要怀着求知求进的精神，即使遇到挫折和困境也不会放任自流，而是可以及时地调整自己，更好地去追求自我。

第三，新时代的学生一定具备自律的品质。自律，是当前社会最难磨炼也是最稀缺的品质。不仅是学生，现代社会的许多人都不具备自律的品质，无数的成年人在下定决心锻炼身体之后仍然会在第二天的清晨赖在床上；明明知道熬夜伤身体仍然在皓月当空的夜晚与月对酌。成年人尚且如此，更何况是小学生，上课交头接耳，下课不按时完成作业，这些都是不自律的表现。自律，必然也必须是新时代学生所具备的品质。

帮助学生成为符合新时代发展需求的高素质人才，教育是最重要的手段。教育能帮助学生获得文化知识，培养学生优秀的品格，促使学生学会独立思考。那么，什么是教育呢？德国哲学家雅斯贝尔斯认为，教育首先是一个精神成长的过程，其次才是科学获知的过程。但是在我看来，精神成长和科学获知可以是同步进行的，学生能够在精神成长的过程中获得科学知识，也能在科学获知的过程中完成精神进阶。"教"和"育"也是同样，"教"专注于具体知识的教授，而"育"则代表着品格、意志、品质的培育、孕育，大部分人认为"育"大于"教"，说"后者的广度和深度决定前者的天地"，但我感觉，前者的受教程度也决定了后者是否能够被加以掌握。为此，我将从多个角度去看待教育，阐述关系，继而明确什么是教育。

从一名教师的角度来看，教育是教师的重要职责，美好的灵魂、健康的精神是人之为人的基础和前提。在一定程度上说，育人能够促进教学，帮助学生获得灵魂上的感悟或升华，能促使学生主动地参与学习，使学生获得学习的动力。对任何一科的教师而言，其教学并不是简单的课业教授，如计算、读写等并不是单纯的技能基础培训，而是为学生提供了一个锻炼的机会，使学生能够随着技能的掌握而获得思想、品质上的锤炼，从而达成精神上的涵育。因此，所谓"育"大于"教"并不成立，涵育固然重要，但并不能成为教育中完全占据主导地位的那一方。所以说，身为教育者，不能想当然地将教育理解为教学，也不能过于看重意识的涵育，要正确把握二者的平衡。

从学生的角度来看，教师所做的一切都是教育，做一道题、写一句话、念一个单词就是教育。虽然没有完全理解，但是学生明白，教育是自身成长的必经之路，自己只有接受教育，才能成长为素质健全的人。因此，大部分学生能够主动地接受教育，他们能够在受教育的过程中养成各种美好的德行和品质，而这些品质又将成为其克服困难、持之以恒的不竭动力。而少数学生无法作出正确的选择，大多是因为其无法感受到教育的意义，没有在受教育的过程中形成正确的意识。简而言之，真正的教育并不复杂，精神成长和科学获知相辅相成，二者形成合力，一同为学生的健康成长提供助力，无论是站在教师的角度还是学生的角度，教育都是纯粹的。

最后也最重要的便是如何教育，如何使学生成为适应新时代的、拥有美好品质和精神的人。我将结合现代教育理念，基于促进学生全面发展的根本教育目标，从德、智、体、美、劳五个方面开展详细论述。

品德教育：对小学生开展品德教育并不是一蹴而就的，它实际上是一个相对漫长且极为烦琐的，甚至是十分曲折的过程，但是这个过程却又是学生道德认识、情感、意志以及行为共同形成，一同作用的综合化过程。要清楚地认识到，在小学阶段设立思想品德课程，不只可以培养小学生的良好品德，而且还可以让学生树立正确行为习惯。对小学生的思想品德教育过程，实际上是一个育人的过程，教师在进行教学时，一定要把学生德育方面的教育作为自己教学的首要目标，最终为我国社会进一步发展提供高质量、高素质的综合型人才。为此，教师要清楚地明白新时代下品德教育的根本，了解小学阶段学生品德学习的痛点，从而采取科学的、有效的、正确的教育方案。根据弗洛伊德人格发展论中的潜伏阶段可以了解到，小学生的身体正处于一个成长与发育的重要时期，这一时期的孩子体质较弱，内心敏感，具有喜欢思考、拥有着较强的好奇心、开始尝试接触一些社会活动等特点。基于此，小学生的品德教育应当是基于引导开展的深入教育，小学生对事物的思考能力、认知能力不足，一定要通过引导来提高其对道德品行的认知和理解。因此，教育者一定要确保小学生品德教育目标与内容的高度一致性，这是落实素质教育最关键的一环。部分教育学家认为，学生的品德教育是教育的最终目的，站在某种角度上而言，品德的教育其实也是整个人类最终的教育目标。而聚焦新时代品德教育，就是要顺应新时代课程改革，将品德教育化为一个多元的进阶过程，学生不仅要在其中获得优秀的品格和道德修养，更应当在这个过程中养成努力奋进、积极乐观的性格，并形成服务于班级、服务于集体的重要意识。这就意味着，小学生品德教育的最终目标需要通过科学安排、合理规划才可以实现，品德教育中最关键的内容便是德育内容，即在进行品德教育活动时所传授的一些具体价值观念与品德的规范体系。

智慧教育：智慧教育即文化教育，它是传统教育体系中最看重的一环。传统教育体系对文化教育的重视程度要远远高于其他教育，这最终导致传统教育体系崩溃，现代教育体系随后诞生。新时代下，全面发展成为教育的主题，单一看重学生文化水平和学习成绩的时代已经过去，文化教育和其他教育享有同样的地位和资源。基于此，文化教育模式必须得到优化和完善。要合理安排文化教育占整体教育的比重，既要凸显文化教育的重要作用，也要确保学生能够得到全面发展。基于此，应充分强调"双减"政策的贯彻与落实。中共中央办公厅、国务院办公厅于2021年7月24日印发了《关于进一步减轻义务教育阶段学生作业负担和校外培训负担的意见》（以下简称《意见》）。《意见》的印发与实施标志着我国教育格局的改变与调整，其目的就是切实提高学校育人水平与办学标准，有效减轻义务教育阶段学生作业负担和校外培训负担。基于此，可以得出新时代文化教育的几项变化：第一，新时代文化教育有着更完整、更系统的教学模式；第二，新时代文化教育将更为看重学生知识运用能力，机械式学习将不再适用于新时代教育；第三，新课程标准的落实将会为新时代文化教育提供强有力的支撑和向导。

体育教育：教育，乃立国之本；体育，乃强国之道，体育是教育的基础，强健的体魄和坚韧的内心是开展一些学习活动的前提。我国是一个体育大国，但并非体育强国，体育教育甚至成为传统教育体系中最薄弱的一环，太多的教师和家长过于强调学生的文化教育，却忽略了体育教学，"体育老师生病了""体育老师请假了"成为学生时常听到的一句话。但在新时代下，体育成了教育体系中最受关注的一环。2019年，国务院办公厅印发的《体育强国建设纲要》提出，将促进青少年提高身体素养和养成健康生活方式作为学校体育教育的重要内容作为战略任务之一。基于此，各教育群体应当注重学校体育健康教育的深度与广度，进一步推进体育健康教育切实、合理、全面地开展，使学生科学、系统、实效地建立体育健康观。因此，要切实提高体育的教育地位，坚持健康第一，以建设健康中国和体育强国为指导思想和战略目标，融合健康教育和体育教育，确立一套实施方法，要全面有效地开展体育健康教育。与此同时，围绕学校体育的根本宗旨和教学目标，将加强体育健康教育提上日程，联合相关部门、有关专家，针对不同年龄段学生的体育需求开展深入研究，建立各级学校体育健康课程衔接体系，全面完善课程标准，提高体育课程建设水平，以此落实现代化体育教育。

美育教育：在落实学生发展核心素养，以培养"全面发展的人"为核心的教育过程中，美育教育是其不可或缺的重要组成部分，其在六大核心素养中有着举足轻重的重要作用。开展美育教育，首先，要了解何为美育。对学生而言，美育教育关注学生情感方面的体验和感受，发展学生的美学情感，激发学生审美的意识和欲望，从而使学生明确何为"美"，并启发学生创造美的能力，最终成为全面发展的人，成为真善美的人。其次，要全面强化师生群体的美育素养。学生需要美育素养树立正确的观念与意识，通过强化自身的素养感受来自自然、生活中的各种美，激发自身创造美的能力，更深层次地去领悟美。而教师则是以此来加强自身审美教育素养，教师并不缺乏美育素养，只是无法探究到真实有效的途径进行美育教育。强化教师美育素养，加强教师的教育理念与意识，将自身科学、正确的美育理念传递给学生，促进学生发展。最后，要融入实践。将美育作为生活中的一滴水，在课堂教育、实践活动、生活娱乐、家庭教育中加以融入，以启发为主要形式，培养学生感受美的能力。

劳动教育：劳动教育是全面发展中最容易被人忽视的一项，许多家长和教师认为，劳动的时代已经过去，现在是一个学习的时代，过多的劳动对学生并无益处；还有部分人认为，自己已经经历了劳动时期，自己的孩子不应该再受劳动的苦。但实则不然，劳动教育并不是故意让学生去吃劳动的"苦"，而是通过合理的劳动活动安排来帮助学生形成劳动观念，了解劳动知识。为此，各教育群体要对劳动教育给予高度的重视，充分认识到劳动教育的重要性与必要性，对学生进行正确的引导，使学生认识并清楚劳动教育对自身的未来发展有着很大影响，并与学生积极交流。与此同时，要根据本地的生产生活现状，坚持挖掘校内外一切可利用的劳动教育资源，为学生创造各种合适的劳动机会，并定期对劳动活动的成果、计划、效果进行整理，联合相关部门与教师，形成系统的劳动课程与校本资源。最重要的是，新时代劳动教育必须体现出新时代特征，放牧、种植等传统劳作应成为劳动教育的一部分，而且是独具特色的一部分，但绝不应该是全部。学生今后必然参与到现代社会的劳动中，因此在开展劳动活动规划时，尝试将现代化生产融入活动，让学生认识并了解现代劳动生活的真实状况，而这些现代生产活动极有可能对学生未来的职业规划产生影响。

新时代教育有新使命

党的二十大报告指出："教育、科技、人才是全面建设社会主义现代化国家的基础性、战略性支撑。必须坚持科技是第一生产力、人才是第一资源、创新是第一动力，深入实施科教兴国战略、人才强国战略、创新驱动发展战略，开辟发展新领域新赛道，不断塑造发展新动能新优势。"为此，我国在教育发展战略方面做出了必要调整，坚持把教育摆在优先发展的战略地位，加快终身学习体系和学习型社会建设，继续大力促进教育公平，把全面提高教育质量摆在教育强国战略的重要位置。可以说，新时代有着全新的教育，全新的教育更肩负着全新的使命和责任，处于教育一线的我们，必须对新时代教育加以深刻的解读，进而更深入地、更全面地了解自己的职责，履行自己的使命。

第一，新时代对教育提出了新的要求。办好人民满意的教育是党的二十大对教育事业发展的重要要求，为此，要始终坚持"立德树人"根本教育任务、坚持科学教育理念、坚持教育质量的生命线。

首先，党的十八大以来，"立德树人"成为发展中国特色社会主义教育事业的核心以及当前各教育阶段的根本教育人任务，其中，对学生德、智、体、美、劳的培养便是"立德树人"的具体体现。习近平总书记强调："我国是中国共产党领导的社会主义国家，这就决定了我们的教育必须把培养社会主义建设者和接班人作为根本任务，培养一代又一代拥护中国共产党领导和我国社会主义制度、立志为中国特色社会主义奋斗终身的有用人才。"要明确，教育无论发展到什么程度，其根本目标都是立德树人，引导学生树立正确的世界观、人生观、价值观，教会学生有能力、有责任、有爱心，全面发展、学有所长，培养出党和国家需要、对社会有用的人。

其次，习近平总书记强调，"素质教育是教育的核心，教育要注重以人为本、因材施教，注重学用相长、知行合一""促进学生德智体美劳全面发展"。教育理念是教育实践的先导。科学教育是现代化优质教育的重要基础，也是新时代教育的必然之路。现阶段，要坚定教育自信，弘扬我国优秀教育传统，吸收借鉴国际先进经验，构建德智、体、美、劳全面培养的教育体系，深化体教融合，发挥劳动教育的育人功能，提升学生综合素质。最适合的教育便是最好的教育，一定要根据学生的实际情况和基础选择最适合学生的教育方法，基于学生天赋、潜力、特长为其制定适合的教学方案，给予每一个学生大放异彩的机会。

最后，人民满意的教育必定是高质量的教育。习近平总书记强调，"要深化教育教学改革，强化学校教育主阵地作用，全面提高学校教学质量"。我国教育事业正随着不断发展的物质生活实现从"有学上"到"上好学"的转变，进入了全新的发展阶段。为此，学校必须坚持打造提高教育质量这一系统工程，把坚持教育质量作为新时代教育的生命线。

第二，新时代教育面临时代的挑战。教育事业的发展必然伴随着"阵痛"，它面临来自时代的挑战，我们要清楚地意识到这些挑战，切勿盲目自大，既要谨小慎微，又要大刀阔斧，要以落实新时代教育事业蓬勃发展为工作目标，整合一切现有资源，发挥主观能动性，强调现代化教育。现阶段，终身学习教育不足、部分教育环节薄弱、素质教育难以落实等现实问题真切地摆在我们面前。与此同时，现阶段的教育质量难以满足社会及人民日益增强的优质教育需求，教师、家长都希望自己的学生、孩子能够享受最优质的教育，但教育质量始终因为地理、经济、交通等因素的限制而存在差异，如农村教育质量远远不如城市教育质量，"核心素养体系"虽然得以大力宣传，但真正落实到教育教学实践中仍需要付出巨大的努力。

第三，新时代教育呼唤着新的教育发展战略。党的二十大报告中明确指出了新时代建设教育强国，办好人民满意教育的重点任务，其重点战略布局在领导工作、教育体系、综合改革和队伍建设四个方面。其一，要以党的政治建设为统领，全面加强教育系统党的建设，坚持和完善党委领导下的校长负责制，改革创新学校思想政治理论课，把教育系统建设成为坚持党的领导的坚强阵地。其二，要适应人民的发展和需求，巩固提升教育普及水平，注重高质量发展。义务教育要落实"五育并举"要求，加快义务教育优质均衡发展和城乡一体化，优化区域教育资源配置。其三，要推动办学治校坚守育人的本源，坚决破除唯分数、唯升学、唯文凭、唯论文、唯帽子，完善学校管理和教育评价体系。其四，要深入实施新时代基础教育强师计划，加强师德师风建设，培养高素质教师队伍，弘扬尊师重教社会风尚。推动政策、资源、投入进一步向教师倾斜，引导师范院校坚持"师范为本"、以培养教师为主业，支持高水平综合大学开展教师教育，保证教师队伍有充足的师资来源，加快补充思想政治、音体美等学科教师。

成长历程——学习型教育的探索

学习是成长的不竭动力

——学生与教师的角色互换

歌德曾说，人不光是靠他生来就拥有一切，而是靠他从学习中所得到的一切来造就自己。人生本身就是一个不断成长的过程，成长包括学习到新知识、明白了新道理、对人生有新认识、心理的不断成熟、人格的不断完善、自我境界的不断提升。而学习是一个人成长的唯一途径。当一个人体会到自己正在不断成长的时候，那种发自内心的快乐是物质享受带来的快乐所无法比拟的。二十余年的执教教生涯带给我的不仅有幸福的回忆，还有那些支持我前进的经历，这些经历背后无一不是我学习和成长的影子，从学生到教师绝不仅是身份的转变，而且是从学到教的转变。

学生时代。我毕业于师范学校，对我而言，学生时代的学习是极为纯粹的，每日的专业课程令我没有其他心思，只是一心学习，只为能在毕业之前将专业知识完全掌握，为之后的执教生涯打好基础。实话讲，在学习生涯中我很少想到自己以后会有怎样的成就和作为。对我而言，能够数十年如一日地站在讲台前教书，看着一届又一届的学生在我面前长大，就已经是一件非常幸福的事情了。为了完成这个小小的理想，我经常会向自己的老师请教在成为教师之后应该怎样调整自己的身份，如何快速地使自己进入教师的角色。而老师们的回答却出奇地一致，"当你站在讲台上的那一刻，你就已经是一名老师了"。当时的我并不理解教师说的话，直到我后来真的成为一名老师，站上讲台，看着台下几十双求知的眼睛时，我才理解了老师的话。

成为教师。我清楚地记得，1999年10月，刚任教一年的我初生牛犊不怕虎，大胆地参加了县级公开课，并拿到了青年教师赛课第一名的成绩，这是我执教生涯拿到的第一个荣誉，虽然这个荣誉并不骄人，但对我来说却意义非凡。这一荣誉不仅是对我能够独当一面的认可，更是我奋发向上的起始。此后，我常年活跃在各级各类公开教学活动中，并屡次获奖。但是相比获得的荣誉，我在这一过程中所得、所学更加重要。在这数年公开教学活动中，我清楚地认识到了自己的不足，从而狠抓教学模式，独立学习、与其他教师交流，不断地提高自己的教学水平，并将自己的所学、所得全部付诸教学实践。

后期，我成功成为优秀教师，在25年的从教生涯中累计做了17年的班主任，不仅出色地完成了自己本职的语文教学工作，也将学校的德育工作推向了一线。我致力于做一个"爱心+智慧"型的班主任，在教育、引导学生成长中形成鲜明的工作特色。在多年的班主任工作中，我每次接到一个新班级，都会认真了解学生的学籍档案，坚持对每一个学生做到"先摸底—再谈话—提要求"，在与学生沟通时根据学生的性格、爱好、特长等个性化因素，有的放矢，从而取得学生的信任和爱戴。在班级管理中，我总会深入细致做好学生的思想教育工作，做到"严、勤、细、实、爱"，因此，我所带的班级班风好、学风浓、成绩优，均被评为学校的"先进班"。多年来，我在生活上关心、思想上开导学生，教学上查缺补漏，并严加督导，以独具特色的人性化方式培育学生。正是在我的不懈努力以及校领导的信任之下，我成为学校教导处副主任，负责德育和语文教研工作。为了不辜负校领导的信任，同时也是为了履行自己教师的义务和责任，我将自己的大部分精力投入语文教研工作中，陆续参与县级课题"构建精讲多读，课内外有机结合的教学模式"研究；参与省级"十三五"课题"基于核心素养的小学语文传统文化教育研究"研究。与此同时，我作为学校课题组的执行组长，曾多次组织课题组成员开展积极研究，师生反映良好，先后推出了6节课题示范课，课题组成员的多篇论文获奖。后来，我试着主持课题研究，开展了市级课题"小学语文经典吟诵校本课程资源开发与应用研究"、县级课题"小学语文中高段读写结合教学策略研究"的研究。于2019年被评为龙门县"优秀教研工作者""优秀教研组长"。

无论是学生时代还是成为教师之后，我始终不断学习、不断进步、不断成长。学生时所学、所想的是身为一个学生应该做的、学的，是基于学生身份以及对未来职业向往的。从一定程度上说，学生时代的学习更为纯粹，正是这份纯粹支持着我脚踏实地、勇往直前。而成为教师之后，我的所学、所得大多是基于实践，是在无意中获得的。许多人认为，人在踏入职业，尤其是教师职业之后，就只履行好"教"的工作就好，"学"是学生该做的，但我并不这么认为。即使是教师也需要学习，时代在不停地发展，身为教师，只有比学生学习得更多、更深，才能切实履行自己的责任和义务。因此，无论自己已经执教20年、30年或更久，都应在"学生"和"教师"两个角色之间来回转换，当需要进步、学习的时候就要潜心成为学生；当需要履行责任和义务的时候，就应当立刻进入教师的状态。

学习是成长的不竭动力

——名师指导，踏上新征程

2018年是我从教生涯的一个转折点，在这一年，我作为广东省刘玲芳名校长工作室的助理，开始了学校管理方面的学习。起初，我并没有认识到这一段时间的学习将会给我的职业生涯带来天翻地覆的变化，于我而言，学校管理是一项极为复杂、极为困难的工作。但我的上进心不允许我这样想，于是我全身心地投入工作室的交流学习活动中，不错过每一次的学习培训，认真听讲座、记笔记、写体会，积极与他人沟通，并主动寻求名师的指导和帮助。

在这段日子里，我清楚地认识到了自己与其他优秀教师的差距，我也意识到，过去的荣誉令我躺在功劳簿上不思进取，曾经所获的奖项在这一刻都变得不值一提，我必须认真思考自己今后的路。我开始深入学习新的教育理论、教育观念、管理理念，及时更新自我意识，强化政治素养，积极参与名师、名校长培训，做了大量的政治笔记和理论笔记。在学习中，我了解到，我们必须掌握先进的教育管理理念，才能适应新时代的教育发展。所以，我不但注重集体的政治理论学习，还注意从大量的书籍、文献资料中汲取营养，认真学习，仔细体会新形势下如何成为一名成功的教育者、管理者。

在名校长工作室主持人刘玲芳的帮助和引领下，我的工作终于得到了组织的认可，被任命为龙城第三小学副校长一职，主抓学校教学和教研义务。自成为学校副校长以来，我最大的感受便是任务变多了、责任变重了，我必须重新审视自己所扮演的角色，全面发挥自己在名校长工作室所学习到的教育管理知识，更好地为师生服务。2021年，我以副校长的身份成功加入了广东省刘玲芳名校长工作室，获得了更多的学习资源，为自己之后的成长发展提供了助力。

读书研习，深究课题

"纸上得来终觉浅，绝知此事要躬行。"我本着"以学导研"的宗旨，埋头苦读理论书籍，记录研究心得，开展实践研究，撰写研究论文。经过一段时间的努力，我的多篇论文得以发表或获奖，但如今的我已经不会因为几项荣誉而沾沾自喜，每当我获得一项荣誉我都认真反思，反思我是否真的值得这份荣誉，故而我不肯有一丝的懈怠，始终投入教研工作中。与此同时，我认识到，一个人的研究能力有限，只有集合大家的力量，才能让学校的教科研水平跃上新台阶。于是，我向学校组织发起申请，申请开展团体教研活动，拉动各级、各科教师参与到教研活动之中，并承诺给予各教师最大的资源支持与帮助。

作为教学副校长，我始终站在教学第一线，并深入课堂听课，亲身指导，勤抓质量。所管理的学校教学质量稳居本县首位。我带领各教研组积极开展课堂教学改革的活动，开展"如何开展课题研究""怎样撰写科研论文"等讲座。我深知以身作则的重要作用，如果我自己都无法站在教研教学第一线，也就无法要求各级教师将精力投入教研教学工作中。我大胆地尝试垂直管理办法，注重教研水平和教学质量的提高。在工作中，各级教师可以坦率地说出自己的理解和意见，不用因为职位的差异而感到压力，如此一来，我校的教研教学工作质量得到了进一步的提升。

在接手学校教研教学工作之后，我首先对现阶段我校教师水平进行了详细的了解，我发现，各教师之间的水平和能力差异较大，工作重心不同，部分教师将大部分精力都放在了课程教学当中，所以在教研方面存在一定的局限性。为此，我决定针对不同能力水平的教师，分别采取教一教、帮一帮、赶一赶的方式，指导和带动大家提升能力，共同进步。这能够最大限度地消除差异性带来的不便，可以保障各教师的能力和潜力得以全部发挥，为我校教研工作提供强有力的保障。与此同时，我常常鼓励教师积极参加课题研究，指导那些刚刚踏入校园的青年教师如何选择课题、如何填写课题申报书。我对每个课题过程性的研究也常抓不懈，会经常组织教师进行阶段性的交流研讨。

潜能激发，落实指导

2021年8月，经过几年的潜心修学，我认为自己已经能够独当一面，成为一名合格的管理者与教育者，因此，我怀着当年那颗炽热、大胆的心，毅然决然地参加了校长竞聘。竞聘演讲中，我大胆地展示自己的能力和潜力。我有较为扎实的专业基础知识，参加工作之后始终把学习放在首位，积极地投身于校内外的各类教学教研活动中，提升自己的业务能力，同时，不断提高自己的政治觉悟。龙城三小副校长一职令我收获颇丰，不仅带领学校教研工作小组屡破新高，更是积极落实了书香校园建设工程。并且，我任教经历丰富，行政管理能力扎实，先后担任过班主任、大队辅导员、教导主任及副校长工作，每一步都是靠自己的努力和汗水走上来的，并且每个职位所带来的责任也令我不断学习、不断积累，使自己的政治修养、思想观念、治学理念、管理水平不断得到提升。时至今日，我已经能够较熟练地处理日常工作中出现的各类问题。组织管理能力、综合分析能力、协调办事能力，经过锻炼都有了很大的提高。最后，我成功当选龙田第二小学校长，真正地做到了说了算、定了干。

进入龙田二小之后，我第一反应是这个学校太旧、太破、太老。说实话，在此之前，我只知道龙田二小是一所"成绩末位，老师难搞"的学校，但我着实没有想到想象与现实仍有差距，尤其是对于我这个曾任职省一级学校的副校长而言，龙城三小和龙田二小有着云泥之别。诚然，我面对如此局面甚至没有了整改和管理的信心，我不知道自己能否正确处理好各种关系，能否取得师生的信任。我有的，只剩下当好一名校长、一名管理者、一名教师的决心。自此，我将"管理"和"质量"作为未来工作的关键词，我告诉自己要始终站在管理的第一线，坚守管理质量的底线，强调以人为本，使龙田二小重新焕发生机。

为此，我认真研究龙田二小的实际情况与问题所在，决定从教师管理、学生管理、常规管理三个方面出发，由浅入深地进行全面整改。

教师是决定小学整体工作效能的主体，教师对工作的态度及其展现出来的精神面貌都关系着学校的整体发展。如今，我作为学校的一把手，必须有大局观，必须清楚现阶段教师管理工作存在的问题，并重构管理体系，以全新的管理模式来促使龙田二小的教师重新活跃起来。为此，我认真研读了大量的文献资料，同时结合龙田二小实际情况，最终选择以激励手段引导教师进行创造性的教学工作，让教师都可以用积极的态度来面对工作中的挑战，进而从根本上提高龙田二小的办学质量。基于此，我决定从思想、目标、绩效、环境四个方面构建专属于龙田二小的教师激励框架。

首先，从思想激励入手，对龙田二小各级教师进行思想政治教育，引导教师形成正确的工作意识。现阶段，龙田二小教师年龄普遍偏大，有些甚至是民转公出身，知识结构老化，专业能力不足。掌握的教学技术手段十分有限，只满足于认真传授知识，对培养学生思维品质、帮助学生实现能力转化缺乏认识，缺乏培养能力。教师终身学习的观念尚未树立，教师专业化程度亟待提高。为此，我多次组织全校教师认真学习党的二十大报告，把提高教育教学质量放在实现乡村振兴、实现中国式现代化的高度加以认识，提高教师的政治觉悟，提高教师努力提升教育教学质量的自觉性，形成齐抓共管、共同努力的良好局面。与此同时，为了更好地照顾各级教师的内心需求，我校决定根据教师年龄进行分层处理，对于那些资历较老、经验丰富的教师，给予其现代化教学理念的培训；而对于那些刚刚入职的年轻教师，我则扮演领路人的角色，在对其给予真切关怀的同时，也对他们的职业生涯规划提供帮助，多给他们提供学习交流的机会，使他们发挥出更大的能效。

其次，构建工作目标。设定科学、合理的工作目标能够激发教职工的创造力，让教师更加积极，对自己未来发展的方向更加明确。通过对本校教师的考察和访谈，我发现龙田二小的管理制度与时代严重脱离，多年来，学校管理制度只停留在日常考勤、日常管理的层面，处在管人、管事的初级阶段。执行过程中又施之过松，缺乏刚性。制度建设缺乏整体的系统化设计，特别是教师参与民主管理、调动教师工作积极性、目标管理等方面十分缺乏，导致教师工作积极性不高、荣誉感不强。这就导致大量的教师找不到自己工作的目标，将龙田二小的上限当作自己的上限，认为学校已经难以得到发展，自己也很难得到进步，故而失去了最初的上进心。为此，我向学校教师郑重承诺，龙田二小将会在我和诸位同人的共同努力下重获新生，并摆脱落后的帽子，奋勇向前。从此，我以身作则，给自己设立工作目标，持续推进学校发展顶层设计，革除不适应教育改革与发展需要的管理制度，建立健全民主决策制度，以民主监督来保证各项工作按章有序有效地运行，维护好师生员工的合法权益。同时，协助各级教师设计个性化工作目标，促使教师发挥自己的特长，让教师有更大的动力、更强的使命感。

再次，强调物质激励。在小学教师管理工作中，采用物质激励的管理方式是最常见的管理手段，将物质奖励与精神奖励有机结合能够发挥激励管理的最大价值。从现实角度出发，抛开基础物质的激励政策都是空中楼阁，纸上谈兵。身为学校管理者，只有切实维护基层教职工的个人利益才能获得教职工的广泛支持，才能使教职工配合自己的工作。为此，我上任以来，首先制定绩效管理方案，在教师绩效、职称评定、评优评先、职务晋升等方面给出努力的方向和目标，让教师感受公平公正。与此同时，我屡次与上级领导沟通、协商，请求增加龙田二小的教育经费。

最后，发挥环境激励作用。学校是教师工作的主要场所，环境激励也能对管理起到一定的推动作用。学校应为教师提供良好的工作环境、温馨的休息环境和设施齐全的运动环境，让教师能够愉快工作并在工作之余得到良好的休息，这些环境激励能够激发教师的工作热情，让教师更加专注地投入工作中。上任以来，我将校园环境和校园卫生作为"第一把火"，我清楚地知道，校园环境与卫生是最直观、最能让师生看到学校变化的一点，优质的工作环境能够使教职工心情愉悦，从而更好地参与到教育工作中。而龙田二小地处城乡接合部，环境优美、空气新鲜，有着天然的环境优势，只需要增添一定的基础设施，便能使整个学校焕然一新。

对于学生管理，要真正贯彻以人为本的教育理念，树立学生是主体，教育是服务的理念。学生是我们的服务对象，我们要用心去经营教育这一神圣的事业。让每一个学生都能获得成功的感受，享受到学习的快乐。但是，要明确学生管理并非主抓学习这么简单，还要强调对学生的品格、行为、观念的教育，既然在这个学校学习，学校就必须保障学生能够健康、快乐地成长。为此，重塑龙田二小学生管理架构，必须从学习管理、生活管理、情感管理、家长参与管理四个方面入手，切实保障学生成长与发展。

学习方面。龙田二小的学生成绩向来在全县范围内都是倒数，学生的学习成绩主要集中在及格和不及格之间，良以上的学生很少，优秀学生更是寥寥无几。要知道，学习是学生的任务，也是教学活动的重要目标，学习成绩较差说明学习管理活动中存在很多的不足。此外，在学习兴趣方面，学生的学习兴趣比较低，很多学生对学习不感兴趣，在学习中投入的精力比较小。学生的智力及思维发育还不成熟，尤其是低年级学生，在学习的过程中容易出现注意力不集中的情况，这样就造成学习效率比较低。究其根本，龙田二小的教学水平太低，直接影响到学生对知识的兴趣。

为此，自上任以来，在学校广泛开展教师读书学习、终身学习，走专业化发展道路的学习运动。在教师中大力提倡读教育名著、与大师对话、和名校交流、与学者为友、提高教育技术水平学习交流活动。鼓励教师在教育教学实践中不断反思，更新教育观念，改变思维习惯，改变教学方式，尝试创新。在教师中开展阅读课标、解读课标和做练习题的活动，提升教师教育教学本领。注重在学习交流活动中抓典型树先进，改变教风学风，推动教育教学质量的提高。与此同时，大力寻求社会各界的支持，为学校更换教学设备、教学工具，进而提高教学质量。

生活方面。学生的身体素质以及自律能力有待提升，身体是学习和生活的基础，只有拥有良好的身体，才能实现全面的成长。龙田二小受传统教育模式的影响，在教学活动开展以及学生成绩评定过程中采用的主要指标就是学生的学习成绩，因此大部分教师都将精力放在学生的文化教育上，再加上龙田二小音体美教师资源不足，现有的体育教学根本无法满足学生需求等情况，更加重了龙田二小学生难以得到全面发展的问题。除此之外，学生在自律意识方面呈现的状态并不理想，很多学生缺乏自律意识，不能很好地约束自身的行为。在课堂中，很多学生存在窃窃私语的行为，这严重影响了课堂的秩序，制约着教学活动的开展。不仅如此，很多学生在生活中也存在不遵守教师管理的行为，这样很容易起到不好的示范作用，从而致使更多的学生不服从教师的管理。

因此，我校决定开展多元化管理办法，首先解决龙田二小课程体系问题，增加美术、音乐以及体育课程的数量，并且为这些课程的开展提供良好的物质基础，加强对相关教学设备的资金投入。同时，丰富学生的业余文化生活，龙田二小自然地理位置优越，非常适合开展踏青活动。基于此，我校定期开展郊游、踏青活动，在减轻学生压力的同时，也为师生交流创造了一个良好的契机，为教师与学生之间良好关系的建立提供一个良好的环境。

情感方面的问题具体表现在师生关系、同学关系上。一方面，龙田二小受传统教育影响较深，大多数教师习惯性地以学习成绩来评定学生，会不自主地对学习成绩优秀的学生产生偏爱，导致部分学困生得不到教师的关注和照顾，并由此陷入了恶性循环。与此同时，现阶段教师工作压力较大，很难照顾到全部学生，导致部分学生的心理受到一定影响，制约着良好师生关系的建立。另一方面，龙田二小的留守儿童、特殊学生较多，且小学生心智尚未成熟，因此有的学生会对留守儿童、特殊学生群体进行嘲笑，且学生小团体现象尤为明显，极不利于组织团结。

为了改善这一现象，我进一步明确班主任的工作职责和工作范围。班主任是学生在学校的管理主体，在学校中担负着监护人的责任，在实际管理活动开展中很多班主任认识不到自身的工作范围，认为自身只是负责学生的学习活动，没能将学生的生活、情感方面与自身紧密联系，因此在生活以及情感管理活动方面投入的精力比较小，从而导致生活及情感管理工作出现了很多的问题。因为我曾担任了17年的班主任，对班主任的职能十分了解，我也百分百地信任龙田二小的诸位班主任能够承担起这个责任。与此同时，我大力开展校园活动，龙田二小曾获"2018年全国青少年校园足球特色学校"称号，我便以足球竞赛为起始点，开展田径、篮球、羽毛球竞赛活动，鼓励学生参与，以使学生在体育竞赛中收获友谊，打破隔阂。

家长参与管理向来是龙田二小学生管理最薄弱的一环。要知道，学生管理是一项复杂的活动，不仅需要教师的努力，同时还需要家长的参与，但龙田二小大部分学生家长对学生管理都秉持着漠视的态度，教师与家长的沟通机会很少，家校合作不够密切，家长参与管理活动的积极性较差，制约着学生管理活动的开展。很多家长缺乏家校合作观念，认为管理活动是学校实施的，不愿参与到管理活动中。为了搞清问题的根源，我与其他几位学校领导组成调查小组，深入一线，了解问题到底出在哪里。一方面，学校与家长之间缺少一个有效的沟通平台，导致家长和教师沟通极为不便，严重影响了沟通的效果和质量；另一方面，大部分家长忙于工作，疏于对学生的关注和管理。

基于现实情况，我选择召开一次线上家长会，首先向全体学生家长明确了正确的教育和管理观念，强调了家校合作的重要性。同时要求各班班主任务必创建微信群、钉钉群，并及时将各科教师拉入群中，定期向学生家长就学生近期表现进行汇总和说明。与此同时，我校决定创建微信公众号，不定期地在公众号中发布我校举办的各项活动，同时也汇总和整理一些适合现阶段学生的家庭教育方式，供广大家长阅读，那些常年务工在外的家长便可以利用微信群、公众号对学校、孩子进行了解，使家长即使与教师之间的沟通频率较低，也能做到心中有数。

常规管理不同于教师和学生管理，常规管理包含整个学校的大事小情，身为学校改革的第一责任人，我必须对常规管理给予高度的重视，要凡事亲力亲为，切实将科学、正确、适合的管理措施落实到位。具体而言，要强调制度健全、组织落实、责任到位。

我作为龙田二小的第一责任人，必须履行好管理者的责任与义务。我对学校行政管理工作进行了优化，针对过去管理人员冗杂、分工不明确等问题做出大胆的调整，对领导干部管理的过程进行精细化调控，实施理想激励、目标导向、考核拉动、整体调控等策略，使学校行政管理系统高效有序地运行。与此同时，根据上级教育主管部门的要求和龙田二小的实际情况，制定了学校总的发展目标，并结合这一总目标为每个领导制定针对性的分目标，做到总目标指导分目标，分目标保证总目标，这样上下一致、协调一致。以学校长远规划为中心，我深层分析了龙田二小近几年的来发展优势与不足，评估发展的机会，确定具体的目标为"以有效的常规管理带动学校科学发展"，而后以此为基础，制定了加强师资建设、构建精神文明校园、重塑校园形象、健全管理制度、加强课程建设等诸多方案，并将各方案由学校各级领导、教师一同优化和完善，最终形成符合学校未来发展的规划。

办学实践——学习型教育的落地

龙田二小简介

龙田第二小学位于龙田镇上北片，服务田尾、社厦、赖屋、黄珠洞、李洞、下洞等6个村委会，服务人口约7000人。学校创建于1924年，至今已有近百年办学历史。学校几经易名，2010年定为现名。校园占地面积13200平方米，建筑总面积3970平方米，教学用房面积3000平方米，运动场地面积5400平方米。学校现有一年级至六年级13个教学班（校本部10个班、李洞3个班），学生371人（校本部338人、李洞教学点33人），教职工35人。下辖李洞教学点，佳兆业（龙田）中心幼儿园。幼儿园现开设3个班，幼儿园教职工12人。从占地面积和资源配置方面可以看出，龙田二小并不是一个重点学校，相反，还是一个长期排名靠后的学校，无论是师资力量还是生源并不理想，城乡接合部的地域条件限制影响了学校的发展。

龙田二小SWOT分析

对于一个初来乍到的校长而言，了解学校实际情况最好的方式便是SWOT分析，因此我对龙田二小进行了详细的分析，对其优势、劣势加以明确和掌握，进而为之后的工作做好铺垫。

优势（Strength）：对龙田二小来说，其优势实在是少得可怜。第一，交通便利，环境优美。城乡接合部的地理位置虽然严重制约了龙田二小的发展，但也着实为其环境和交通提供了便利。龙田二小靠近县城，县城学校的优质教育资源能够很快地流通到学校，学校本身并不会受到教学资源的限制。并且，优美的生态环境为学生提供了接触自然的良好机会，学生目光所见皆是自然景色，不会被高楼大厦挡住视野，有助于学生健康成长。第二，行政班子团结，负责。龙田二小的规模并不大，行政结构简单，且行政班子成员大多是长期服务于龙田二小的资深教师，对龙田二小有着深入的了解，已经将龙田二小学生当成了自己的孩子，愿意认真地呵护其成长。第三，班额小，学生淳朴。与许多城市小学动辄几十人的班额不同，龙田二小每班只有30人上下，且学生大多生长于农村，天性淳朴，团结友爱。

劣势（Weakness）：龙田二小可谓劣势颇多。第一，硬件设施老化，平台老化。龙田二小的硬件设施老化表现在多个方面，除了基本的教学工具、计算机教学工具的老化之外，学生的运动设施、学校的基础公共设施也因为多种因素疏于维护，不仅影响了教师的教学质量，也直接威胁到学生的安全。第二，教师队伍年龄结构老龄化，教学能力、教研水平弱化，学习能力与反思能力不足，对职称评审无热情，无上进心，教学效果不佳，教学成绩垫底。正如上文所述，龙田二小的教师大多是资历较老的常驻教师，许多教师已经适应了传统教育体系，无法在短时间内落实现代化教育。与此同时，大部分教师认为自己即将退休，便将心思放在了其他地方，除了基本的课程教学之外，很少参与学校的教研活动、教学会议等。第三，学校管理制度不完善，执行力度不够，教学常规工作松散。由于学校人员组织结构简单，师生数量较少，整个学校长期处于管理松懈的状态下，直接影响到了学校的日常管理和教学。第四，音体美专任教师不足。相应的课程体系无法完善。音体美教学作为基础教育的重要组成部分，其承担着学生的审美教育和体育教育，是现阶段学生健康成长不可或缺的重要课程。但是由于学校地理位置尴尬，待遇水平不高，因此，将专任教师引进较为困难，音体美教学大多是由其他教师代课，虽然能够满足基本的教学需求，但无法做到深入讲解，导致音体美课程体系迟迟得不到完善。第五，龙田二小的学生成绩并不理想，常年垫底，许多学生因此形成了错误的学习观念，认为学习没用。究其根本，是长久以来落后的教育机制影响了学生基础知识的构成，许多学生并未形成正确的学习方式，导致自身基础知识薄弱。第六，留守儿童及特殊学生较多。龙田二小平均每班有12名留守儿童、3名特殊学生，如此庞大的比例直接影响到学生的思维方式的教学和学习积极性的提高。除此之外，龙田二小学生的家庭教育效果并不理想，许多家庭疏于教育，对学生放任不管。第七，学校内部不定因素较多，直接影响到日常管理与教学工作的开展。

机会（Opportunity）：在国家大力扶持农村教育的背景下，龙田二小迎来了前所未有的发展机会，或将成为今后龙田二小长远发展的重要机遇。第一，当地政府在了解到龙田二小的实际情况之后，给予了龙田二小丰厚的教学资源支持，为龙田二小提供了一大批现代化教学设备，如计算机等，用于改善教学环境。第二，县教师发展中心成长联盟等大批外部力量促进着教师教学教研水平的提升。第三，教育资源得到支持，为了进一步扩充师资队伍，先后开展了多次优秀教师引进活动。第四，"双减"政策的颁布与落实为现代化教育提供了强有力的指导与支撑，学生多元发展成了现阶段的教育主题，龙田二小也开展了以促进学生多元发展的重要战略规划。第五，广东省刘玲芳名校长工作室一众专家针对龙田二小实际情况召开了研讨会议，针对现阶段存在的诸多问题提出了整改建议，以促进学校长远发展。

威胁（Threat）：第一，龙田二小下辖李洞教学点，佳兆业（龙田）中心幼儿园。幼儿园生源少，没有公办教师，临聘教师工资发放、水电费、园内设备维护等各项支出占用学校公用经费1/3左右，经营问题成为现阶段龙田二小最大的威胁。第二，龙田二小已经连续两年全县垫底，已经被市教育局挂牌督导。

龙田二小暴露出的种种问题

要想对龙田二小做出有效的调整和实际的管理，就必须对现阶段龙田二小存在的诸多问题加以分析、明确。只有这样，才能全面了解龙田二小最真实的一面，以此做到有针对性改革和完善。

学校党建。学校党建是新时代党的建设工作的重要组成部分，是坚持社会主义办学方向最根本的保障。为了确保各地方办学方向能够时刻跟随党的领导方针与教育战略方向进行发展，各校便要积极地投入党建工作中。但聚焦龙田二小党建工作，其党建质量并不理想，存在着重业务、轻党建；重使用、轻培养；重数量、轻质量等严重问题。第一，过去的战略发展规划存在较大的漏洞，其将重心全部放在了学校地位的竞争中，花大量的时间、精力和财力主抓业务建设，即便认识到了党建工作的重要战略意义，也无暇顾及，造成这项工作在文件中提得多、实际中落实得少的窘境。第二，由于龙田二小教师资源极为紧张，许多党员教师必须将大量的精力和事件放在课业教学方面，很难拥有继续教育、学习的机会，再加上多数教师年龄较大，其并不具备进阶学习的意识，这无疑影响到学校党建队伍的素质。第三，龙田二小存在着大部分党建工作都会出现的问题，即只强调对新党员力量的接收，却忽略了对党员思想、入党动机、日常表现等内容更加深刻地了解，进而导致校园党员队伍质量大打折扣。

学校文明建设。校园文明建设是校园整体环境的重要组成部分，是学校理念、校园风气等校园文明环境的集中体现，对学生科学观念引导、正确思想培养以及优秀道德素养的提高都有着潜移默化的作用。良好的校园精神文明建设能使学生通过校园生活与学习来逐渐地提高自身的品质与涵养。但聚焦龙田二小的实际情况可以发现，过去的发展战略规划并未将校园文明建设作为重点对待，对于精神文明建设的核心与作用没有一个明确的认识，不了解精神文明建设的内涵与重要性，便也不重视这方面的建设。而是着重强调物质文化建设，将预算大多放在美化校园与建设娱乐设施中，而忽视了精神文明建设，认为精神文明建设是虚无缥缈的、没有实际意义的。

教师教学。现阶段，龙田二小的教学质量并不理想，教师本身存在较多的问题。其一，应试教育影响深刻。应试教育作为已经落后的教育，其在农村地区仍然有着较强的影响力，在我校许多教师的实际教学中仍然存在应试教育的影子。虽然许多教师已经接受了现代素质教育的培训，但不可否认的是，部分教学过程中教师仍处在素质教育和应试教育二者之间，如以素质教育和新课程标准来制定教学目标与教学计划，但又在实际的教学中采用以应试教育为理念的教学方式，这就导致教师在现有的教育体系之下仍然沿袭已经成熟的教育模式与理念。其二，课堂功利性严重。许多教师并不能正确认识现代化教育，导致其仍旧将教学看作文化的灌输过程，因此在日常的课堂教学当中会更加偏向于传统教学。并且，随着年级的增高以及学段的提升，课堂的功利性会愈演愈烈。其三，教师专业发展偏低。从现阶段龙田二小的教学形势与现状来看，许多教师仍然无法将新课程改革落到实处，他们并不能积极地参与到新课程的改革落实中，只是将新课改工作当作应付上级领导检查的工具。

学生学习。小学阶段作为学生奠定自身基础的重要时期，学生的学习兴趣、学习动机等因素都将影响到学生的学习质量。而龙田二小学生所展现出的学习状态并不理想，学生学习兴趣缺失，许多学生在面对书本时并未展现出应有的求知欲望，面对教师的互动和提问也是无动于衷，始终将学习作为一件枯燥、乏味的事情。并且，学生的学习动机并不纯粹，如果学生的学习动机是为了提升自己、发展自己、开阔自身的眼界与头脑，便会主动地提出问题、提出任务，进而参与到问题的探索与解决中，对于任何学习活动都能够保持一个极为良好的状态，努力地寻求自我提升的方案。即使在这一过程中会遇到种种困难，学生也仍然能够保持着乐观的心态，去思考、去创造，并且具备承担风险的意识与能力，以此察觉到情境中那些与问题关联不大的线索，从而创造性地解决问题。但是很显然，龙田二小的学生并不能做到这一点，他们为考试而学习、为学校而学习、为学习而学习，即只能被动地学习，教师讲什么，他们就学什么，只会按照标准的答案与教师的讲解解决问题，完成任务，严重缺乏创造性与主动性。

家庭教育。家庭教育作为教育体系中重要的组成部分，有着不可替代的功能和地位，尤其是在"双减"政策落实之后，家庭教育逐渐成为促进学生全面发展的重要支柱。但对于留守家庭而言，其显然不具备此项功能，这就意味着留守儿童所受到的教育是不完整的。教育科学、社会学的相关研究证明，小学和初中这个年龄段的学生更需要父母的关爱、指导和家庭早期教育的支持，在儿童成长过程中，环境的影响以及潜移默化的教育对儿童认知起到了重要作用。与此同时，作为儿童学校教育的重要支撑，科学的家庭教育能够使儿童在学校的学习更加自信、积极。反之，儿童缺乏相应的家庭教育，其在学校也就无法全身心地投入知识学习中。根据现阶段龙田二小学生构成情况可以了解到，留守儿童在学校中是一个非常普遍的现象，许多学生是由自己的祖辈照顾，不仅无法得到家庭教育，甚至还会受到落后家庭教育的困扰。除此之外，对于那些非留守家庭学生来说，家庭教育也是一种奢望，他们的父母大多从事于基本的农业活动，早出晚归，日常劳作之后已经没有精力再对学生开展家庭教育，尤其是对于那些文化程度不高的家长而言，家庭教育是一项极为困难的事情。

提出方案，迅速落实

　　龙田二小是一所处在城乡接合部的学校，它的滞后发展有各种原因，接手一所薄弱学校，如果抱怨环境，观望等待，得过且过，显然不是负责任的做法。保持对现实问题的敏感性，增强预见性，立足本土，借助外力，识别、选择适合自己学校发展的路径，是我必须做到的第一要务。

一、快速见效的措施

　　首先对我这样一个新校长和一个薄弱学校来说，需要采取一些能够很快见到明显成效的措施，让教职工、家长看到校长的管理风格和能力，看到学校的变化，进而振奋精神。为此，我选择了狠抓卫生、改变校园风貌的做法。学校公共卫生工作是学校教育教学的重要组成部分，是保障学校正常工作秩序的关键。为此，我在首次工作会议上便提出了"加强公共卫生管理，携手共筑健康校园"的工作方向，校园作为学生健康成长的重要场所，优秀的公共卫生管理必然要落实到位。基于此，我提出了以下三点方案。

　　第一，健全制度，形成公共卫生机制。学校牢固树立"健康第一"的教育理念，成立由校长为第一负责人的学校公共卫生工作委员会，委员会由学校行政人员、教师代表、学生代表、家长代表、地方医疗代表共同组成。同时，为了保障校园公共卫生管理工作能够有序进行，我联合校园各级领导、班主任、教师一同制定了《龙田第二小学学校公共卫生制度》《龙田第二小学校园清洁制度》《龙田第二小学晨午检制度》等规章制度。现阶段龙田二小的公共卫生管理制度均是在原有的规章制度上加以补充完善的，是经过上级领导检验的，非常适合现阶段龙田二小的实际情况。

　　第二，整合课程，强化公共卫生意识。开展校园公共卫生管理工作的初衷就是为保障学生拥有一个良好的生活与学习环境，为学生健康成长助力，而学生是校园的主体，学校必须针对学生开展有针对性的卫生安全教育。为此，我校公共卫生工作委员会召开会议，将公共卫生健康教育列入课程计划，向外聘请专业教师，并委派相关教师向县城小学学习。在课堂内容上，牢牢把握健康行为与生活方式、疾病预防、心理健康、生长发育与青春期保健、安全应急与避险五大板块，完善课程设置、改进教育教学方式方法，提升公共卫生健康教育教学质量，提高学生健康素养水平。

第三，立足常态，抓实公共卫生工作。之所以要设立学校公共卫生工作委员会，就是为了表明公共卫生管理常态化的决心，让更多的教师和学生认识到，卫生管理工作并非所谓"新官上任三把火"，而是要切实保障各教师、学生的身体健康。为此，委员会决定，我校将定期委托专业卫生公司对学校饮水、环境、病虫害等进行彻底检查，对各种监测结果均进行严格的核查，从源头入手，确保师生身体健康。同时，除了基本卫生检查和打扫之外，我校还举办了公共卫生健康日、爱护环境板报、手抄报等活动，以增加实践活动的方式加强学生的卫生意识，以切实保障卫生管理制度落地。

通过卫生工作，制订校园环境整顿计划，把卫生工作经常化、制度化，让学校保持一个整洁的环境。帮助学生养成讲卫生、爱整洁、有秩序的好习惯，在环境工作取得一定成效后，继续保持该项工作推进的同时把工作重心转到教育教学上来。

二、激发教师的积极性

教师是学校教学质量的保障，有必要打破现阶段教师积极性不高、教学质量停滞不前的尴尬现状，保障每一个学生接受优质教育的权利，保障学生的学习质量。除此之外，对于我这个新上任的校长来说，需要迅速融入各级教师、班主任之中，争取全体教职工的认可和支持，从而更有效地完成日常的校园管理和教育工作，切实保障工作质量。为此，我选择从组织体系优化、加强师风建设、健全规章制度三个方面入手。

首先，打破长久以来固定的管理体系，重新选拔合适的人才承担管理岗位，资历和教龄不再是选拔的唯一标准。对现有的年轻教师、骨干教师加以培训和考核，根据其专业能力、管理能力为其调配适合的岗位。同时，强调能者多劳，待遇提升的同时，工作的难度和工作量必然加大，管理岗位不再是养老岗位，一旦发现管理教师工作懈怠、积极性不强等现象，立刻给予严肃处理。与此同时，学校也会给予管理教师物质及精神上的补助，将优先为其提供继续教育、外出学习的机会。

其次，率先垂范，抓党风廉政建设，始终把政治建设摆在首位。构建学校"润美文化"，加强师德师风建设。我校组织全校教师认真学习党的二十大报告，把提高教育教学质量融入实现乡村振兴、实现中国式现代化中，提高教师的政治觉悟，提高教师努力提升教育教学质量的自觉性，形成齐抓、共管、共同努力的良好局面。为了进一步加强有关师德理论的学习，使教师对师德有清晰、明确的认识，树立以身作则、为人师表的思想，我校决定在周一例会这一固定时间，采取灵活的形式，学习与师德相关方面的材料，切实提高教师的政治思想素质。与此同时，党建工作也将成为现阶段校园管理的重点，我校将深入贯彻新时代党的建设总要求和新时代党的组织路线，以政治建设为统领，以"立德树人"为根本任务，以党建与教育发展相融合为突破口，聚焦"高质量德育、高水平办学"，为构建党建统领的教育整体智治体系，不断提升我校党建工作的政治统领力、组织战斗力、队伍凝聚力、品牌影响力。

最后，健全各项规章制度，打造规范高效的教育教学秩序。没有规矩不成方圆，龙田二小长久以来所形成的规章制度已经不再适用于现代化校园管理和教育教学规律，必须对其加以整改和优化。为此，我校对过去的规章制度去芜存菁，保留科学、有效的，抛弃落后、陈旧的。我校将坚持走民主化、法治化和科学化的管理道路。革除不适应教育改革与发展需要的管理制度，建立健全民主决策制度，以民主监督来保证各项工作按章有序有效地运行，维护好师生员工的合法权益。让制度既要有刚性，又要有温度。发挥行政人员和优秀教师的骨干作用，形成凝聚力，使学校的各项决策得以有力地贯彻。制度建设要求如下：我校将根据国家法律法规、方针政策和教育规律制定和健全学校管理规章制度。要结合本校实际，制定好学校章程，使之成为学校管理的基本准则；在学校章程的基础上，制定学校发展规划和各项管理规章制度，包括制定德育管理、教学管理、后勤管理、财务财产管理、校园管理、安全管理等方面的管理制度；制定学校各种岗位人员的职责和工作标准，并将其作为检查和考核教职员工工作的依据。

三、安全第一，强化教育

全力加强安全管理工作，把学校安全教育和安全措施落到实处。我初次来到龙田二小，被单车棚里的近百辆自行车吓了一跳。通过一对一地与家长沟通，对学生进行安全教育，签订协议，大力整改，最后剩下14辆且都属于年满

12周岁的学生。积极营造"三全"育人的良好氛围，教师、家长、学生干部齐抓共管，组织少先队员志愿服务队，培养队员的文明礼仪习惯，扎实抓好养成教育和育人工作，促进学生全面发展，从内涵上改变龙田二小学子的风貌。

四、查缺补漏，灵活地开展教学

组织引导全体教师以查缺补漏为主抓手，有目的、有针对性地、灵活有序地开展教育教学工作。借助自己的专业素养和外力的支撑，帮助教师树立创新进步的信心，补齐实际操作层面的研究短板问题，解决教师成长动力不足的问题。为此，我校针对现阶段课堂教学、学生管理以及校园文化等教育管理工作进行了严格的规范与优化。

第一，狠抓教学管理，向课堂要质量。建立目标导向机制、激励竞争机制、反馈矫正机制、监督规范机制相融合的教学常规管理机制。旗帜鲜明地提出质量管理指导思想和目标要求。加强教学质量监测的统计工作，及时发现问题，矫正教师的教学行为。加强教研组建设，把教研组建设成为提升教育质量的坚强堡垒。树立"以生定教"观念，教师要根据学生的学情确定教学内容、教学策略，不歧视学生。坚决落实现代教育理念，实行因材施教，针对留守儿童、特殊学生制定适合的教学管理方案，确保学生能够在科学、适合、健全的教育体系下获得全面发展。

第二，加强对学生的管理，引导高年级学生学会自我管理，养成自觉学习的良好习惯。加强对学生的学法指导，授人以渔。在三年级以上学生中开展"三清"活动，即"堂堂清、日日清、周周清"，教育学生做到"课堂上能掌握的不留到课后""今日之事今日完""适时温故知新，巩固提高"。在学生中成立学习小组，开展互学互助、互督互查活动，实现学生共同进步。教研组要跟学校签订提升教学质量目标责任书，教研组对学生主科学习情况开展验收工作，凡是达不到要求、清不了的知识内容，教师要回炉再造。对学生要特别关注，调动他们的情感力量。教师要多与学生开展交流谈心，不仅关心学生的学习，也要关心学生的生活、思想、情感，以全方位的人文关怀激励学生奋发向上。

第三，建设特色鲜明的学校文化，形成学校独特稳定的品质，以实现文化育人。充分利用龙田镇"广东省文化名片——农民画"、西埔"中国好人村"和"中国最佳文化生态旅游名镇"的乡土资源优势，建设以"孝、敬、礼、美、艺"为核心内容的，以传统文化、好人文化、互助文化、美育文化为特色的学校文化。以文化育人，感染人，浸润人。

我相信，教育的本质是按照某种理想去塑造和培养人，它涉及对人生观、价值观的建构。它不可能一蹴而就，需要一个漫长的过程。我坚信有教育局领导的大力支持和指导，有教职员工的努力，只要调动起学生的学习积极性，龙田二小提升教育教学质量的目标就一定能实现。

深耕细耘，保障长远发展

经过一个学期的努力，整个龙田二小焕然一新，无论是校园环境还是教学风气，都得到了很大的改善，美中不足的便是教学成绩始终停滞不前。为此，我校决定在巩固上学期已有成效的基础上，继续围绕党建工作、教学优化、教师培训及德育工作四个方面开展工作，继续深耕细耘，保障龙田二小得以长远发展。

一、围绕教学工作推动学校全局工作

在具体工作中，要围绕教学工作推动学校全局工作时，我要努力做到"更新观念，拓展思路，严抓实干，讲求实效"，学习怎样讲究领导艺术，提高领导水平，包括要善于决断、善于用人、善于团结干部、善于运用时间等，从而实现科学规范地管理学校。

一方面，要全面提高自身领导水平。作为校长，应该有教育家的追求，要有先进的教育思想和教育理念，要注重建设独特的学校文化，并且在此基础上，形成自己的办学理念、办学风格和办学特色。要明确长期以来学校管理存在的问题：一是教师职工的主动性不强，学校被动管理。二是重行政管理，轻学术管理；重功能管理，轻效能管理；重规范，管理轻文化管理；最终导致学校管理效能低下，效益不高。为此，我在今后的工作中必须潜心研究学校的发展规划和工作计划，认真思考学校未来发展道路中可能遇到的各种问题，并认真思考突破瓶颈的思路。

另一方面，要成为教师专业发展的强大助力。在接任校长职务之后，我清楚地认识到我校教师专业发展道路上的种种阻碍。我十分明白，并非教师本身不愿意开展高质量教学活动，而是他们的专业能力难以支持优质教学活动的完成。为此，我决定，在今后的工作中走近教师、体察教师、了解教师，分层次、有针对性地培训、指导教师，促使教师获得全面发展。身为校长，不能只是简单地对教职工进行管理，更要成为教师专业发展道路上强大的助力，未来龙田二小将会定期开展专业讲座和自学活动，引导各教师相互听课研讨、分析案例，将教育理论知识、专业学科知识与教学实践相融合。

二、聚焦师生减压，促进"双减"可持续发展

在"五项管理""双减"等文件精神的指导下，认真贯彻落实相关工作。

（1）把重视学生心理健康放在首位，加强师生心理健康教育，把减负增效作为重点，坚持以教学工作为中心，强化教学常规，引导教师积极探索运用现代教育手段提高教学质量的新途径。同时着手家庭教育，让家庭教育回归教育本位。未来的龙田二小要积极落实并贯彻"双减"政策，不仅要为教师召开相关主题会议，也要让学生认识到"双减"政策并不意味着可以放开去玩儿，而是要充分利用自己的课余生活去做一些有意义的事情。确立"三个保障"，促进"四个强化"。首先，要保障教育初衷。教育的根本目的就是要让每一个接受教育的个体能够快速地、良好地适应社会生活，要对个体的知识、技能、意识、素养、道德、观念、修养等多方面进行严格的规范与引导。其次，保障学生健康。要坚决落实"双减"政策，杜绝大量作业出现，给予学生充足的休息时间。最后，保障学生人格。每个学生无论年龄大小，都是一个鲜活的个体，每一个个体都应该有自己独立的人格，即使这些个体并未成熟，也仍旧需要教师、家长的保护。而后，强化学生自信，无论学生的考试成绩如何、学习水平如何，只要努力了、认真了，那么就应当受到教师的尊重和照顾，都应当对其加以鼓励和鞭策。强化学生创新能力，要帮助学生走出定式思维，鼓励学生大胆地尝试新鲜事物，并对学生做出适当的引导与启发，促进学生健康发展。强化学生踏实的心境，教师要以身作则，及时开导，培养学生踏实的心境，在学习、生活、娱乐过程中始终保持一颗平静的心。强化学生全面发展，要引导学生充分利用课余时间，积极挖掘潜力，培养兴趣爱好，尝试各种新鲜事物，鼓励学生参与各种活动，最终促进学生获得全面的、多元的提升。

（2）组织教师对各学科工作进行深入的剖析，针对暴露出的问题提出整改措施，调整教学的实施过程。今后的龙田二小将会是一个充满改革和创新的学校，每一名教师的想法都应当得到他人的尊重，教师也可以大胆地张开嘴、伸出手，向组织寻求帮助和支持，而学校领导也必须根据实际情况对教师提供最大的帮助。

（3）努力激活学生多样发展的内驱力，学校整合资源，多措并举，探索课后阳光社团课程，达到以活动促教学的目的。龙田二小将会加强对音体美等专业教师的引进和培养，以专业教师为中心，创办特色社团，根据学生兴趣，创办音乐社、舞蹈社、足球队、篮球队等学生社团组织。与此同时，学校将积极寻求上级领导支持，全面增强基础设施建设，对各体育设施、音美设施加以完善和更新，最大限度地保障学生的全面发展。

三、提升教师素质

虽然龙田二小地理位置尴尬、教职员工薪资待遇不高，但得益于现代信息技术的飞速发展以及上级领导的大力支持，未来龙田二小的各种教育资源、学习资源都将得到有效的保证，各级教师将得到有效的培训和继续教育的机会。

一方面，我校将在上级领导的支持和引导下与城市学校建立长远且稳固的沟通学习关系，每一名教师都有机会前往城市小学交流、学习。同时，各级教师将会根据自身任教情况获得相应的教研支持，使各级教师可以投身于教学教研事业之中，为教师提高自身能力，健全自身发展提供帮助。

另一方面，我校将全面开通线上资源库，各级教师可以通过互联网及相关教学资源网站，对专业知识进行学习，了解当前最新的信息技术手段，跟随现代化教学的发展进行专业素养的提升；查找一些高质量课堂教学的教学案例、课件、教学视频等，对优秀教师的应用理念、教学内容以及教学方式进行学习，借鉴其中行之有效的形式与理念，以提高自身的教学水平。

同时我校将配合上级领导积极引进年轻教师，以保障现代化教学手段得到充分利用。在平时的教学生活中，宣传新促老、老带新的培训方式：由年龄较小、接受能力较强的教师对老教师进行信息技术的认识与引导，帮助老教师认识信息技术的各项功能与使用方式；由资历较老的教师向新教师传授教学方式与教学心态，互帮互助，一同构建高效率、高质量的教学课堂。加强对教师的信息化技术应用培训，可以有效地推动教学方式的发展，进一步优化教师的教学方式，帮助教师掌握合适的教学节奏。

四、坚持"德育工作立足于养成教育"

坚持"德育工作立足于养成教育"的做法，充分发挥学校、家庭、社会三结合的德育教育作用，不断优化少先队管理制度；做好家校共育工作，成立家委会，组建爱心护学岗。德育工作作为龙田二小下一阶段的工作重心，已经得到全体校领导和各级教师的大力支持。龙田二小现有的留守儿童、特殊学生将会得到充分照顾和帮助，学校将会安排相关人员对留守儿童及特殊学生进行家访，在了解实际情况后针对学生实际困难提出解决方案，进而保障学生的基础权益。

水滴石穿，非一日之功。龙田二小在努力改变中，我也在努力中成长，学习怎样讲究领导艺术，提高领导水平，包括要善于决断、善于用人、善于团结干部、善于运用时间等。